KAPLAN

IMÁGENES NARRADAS
Cómo hacer visible lo invisible en un guion de cine

Primera edición: Febrero 2014
Segunda edición: Septiembre 2024

© Coral Cruz
© de esta edición: Laertes S.A. de Ediciones, 2024
   C./Virtut, 8 - 08012 Barcelona
   www.laertes.es

Diseño cubierta: Nino Cabero Morán
Fotocomposición: JSM

Impreso en Romanyà Valls

ISBN: 978-84-19676-61-0
Depósito legal: B 16608-2024

Impreso en la UE

CORAL CRUZ

IMÁGENES NARRADAS
Cómo hacer visible lo invisible en un guion de cine

LAERTES

*A Xavier, por ayudarme a hacer
visible este libro y otros tantos sueños más.*

Índice

Introducción
Cómo soñar despiertos
El guionista como cineasta

El guion es sueño

Hace más de diez años que me dedico profesional-
mente al análisis y edición de guiones y este libro
nace de un anhelo personal muy concreto: el deseo
de haber «visto» muchas más películas de las que he
podido ver realmente, mientras leía los cientos de
guiones que han pasado por mis manos durante esta
última década.

Alguien puede pensar que tal deseo parte de una
contradicción, pues si te dedicas a editar guiones, has
de asumir que trabajas en una parte del proceso crea-
tivo muy lejana aún al momento de ver el filme acabado, pero puedo afirmar que, en algunas contadas
ocasiones, sí he tenido el privilegio de ver películas
en mi mente, meses o, incluso, años antes de que lle-
garan a ser rodadas. Desgraciadamente, demasiado a
menudo, cuando leo un guion, se instala en mí la
sensación de que me han explicado una historia que

podría acabar siendo una película, pero también una obra de teatro, una novela o una radionovela... Solo en algunos casos excepcionales he tenido el placer de poder imaginar un filme al mismo tiempo que me contaban una historia, cuando ese debería ser el principal propósito de todo guion de cine.

Entonces, ¿por qué resulta tan difícil encontrar guiones conscientes de que su cometido es proyectar una película en papel antes de que haya sido impresa en celuloide o en un soporte digital?

Creo que la dificultad estriba, principalmente, en que muchos guionistas se consideran, sobre todo, escritores que explican historias en un formato provisional para que, después, los directores conviertan esa guía en una obra audiovisual. En mi opinión, esta predisposición supone un gran error de partida, ya que el guionista debe ser un escritor, pero, ante todo, tiene que ser un cineasta. Y aclaro a qué me refiero con la palabra *cineasta*, ya que si bien esta se utiliza habitualmente como sinónimo de director de cine, puede referirse a «cualquier persona relevante» dentro de dicho ámbito artístico. Partamos, pues, de una acepción del vocablo mucho más abierta. Imaginemos que:

**Un cineasta es aquel que sueña y
ve en su mente las películas antes de
que estas sean rodadas.**

Sin duda, un director debe contar con esta capacidad, pero también un productor que aspire a algo más que a lograr la financiación de una obra debería ser capaz de «ver» la película antes del rodaje y, por supuesto, siendo como es el guionista el encargado de plantar la primera semilla que dará lugar a una película, ¿no tiene todo el sentido que sea también consciente de su condición de cineasta y ejerza como tal?

Los guionistas tienen que ser capaces de ver y escuchar la película en su mente antes de escribirla; después, han de tener la habilidad de proyectarla en la pantalla en blanco de un ordenador, donde tomará la forma física de un conjunto de palabras escritas, pero sin dejar de evocar nunca las imágenes y sonidos a los que estas representan de manera provisional. En un guion de cine, las palabras son solo un instrumento para plasmar algo más; algo que, de momento, es intangible, pero no inimaginable.

Consideremos, por un momento, la idea de que escribir un guion podría asemejarse al acto de apuntar en una libreta, de la manera más clara posible, ese sueño maravilloso o pesadilla atroz que hemos tenido durante la noche anterior. La popularidad del psicoanálisis ha dejado constancia de que hay verdaderos adictos a este empeño, pero aunque no todo el mundo llegue a sentir el impulso de coger lápiz y papel para autoanalizarse, ¿quién no ha intentado reconstruir el puzle de un sueño nada más despertar? Hay algo en la esencia de ese intento de plasmar lo que previamente hemos visto y oído en la cámara oscura de nuestra mente, que conecta perfectamente con el propio acto de escribir un guion.

Soñar, según nos dice el diccionario, «es un proceso mental involuntario en el que se produce una re-elaboración de informaciones almacenadas en la memoria, generalmente relacionadas con experiencias vividas por el soñante los días o meses anteriores. El soñar nos sumerge en una realidad virtual formada por imágenes, sonidos, pensamientos y/o sensaciones. Los recuerdos que se mantienen al despertar pueden ser simples (una imagen, un sonido, una idea, etc.) o muy elaborados. Los sueños más elaborados contienen escenas, personajes, escenarios y objetos. Sucesos o imágenes que se representan en la fantasía de uno mientras duerme». Resulta sorprendente comprobar cómo la definición anterior podría encajar en gran medida con el propio acto de escribir un guion. Un guionista también crea en función del mundo que le rodea y que su mirada filtra de manera personal.

Por otro lado, observamos que la materia prima de los sueños y de las películas resulta ser, en gran medida, la misma; al despertar de un sueño, casi siempre nos cuesta muchísimo recordar la «trama» de la historia que hemos «vivido», pero sí que somos capaces de reproducir detalles nimios de la decoración de una habitación donde hemos estado, como la forma exacta de un jarrón que había en un rincón semioculto o la letra de una canción que sonaba en un tocadiscos antiguo. Son, en definitiva, las imágenes y los sonidos los *souvenirs* que, en la mayoría de los casos, logramos llevarnos de nuestros efímeros viajes oníricos. No en vano, el mencionado psicoanálisis presta muchísima atención a esos pequeños detalles «audiovisuales» que un paciente logra preservar de la evanescencia de sus sueños y que, en muchas ocasiones, pueden constituir la clave para entender elementos esenciales de su persona.

Precisamente, uno de los directores de cine que más ensayos psicoanalíticos ha generado es Alfred Hitchcock, que, como todos sabemos, ocupa un lugar privilegiado en la Historia del Cine por ser uno de los grandes inventores de formas desde su etapa como director de películas mudas a sus obras más depuradas y maduras de décadas posteriores. Se le considera un virtuoso de la técnica, capaz de borrar las fronteras entre lo que sus ojos veían y las cámaras captaban. Con todo, resulta curioso que Hitchcock reconociera que la fase del rodaje le daba pereza, porque él «ya había rodado la película en papel», tanto durante el proceso de escritura, en el que colaboraba estrechamente con sus guionistas (aunque no firmara casi ninguno de sus guiones), como en la fase del *storyboard,* en la que visualizaba al detalle los planos de la película que tenía en mente. Sorprende que uno de los grandes cineastas de todos los tiempos «realizara» las películas antes de rodarlas y, sin embargo, sus filmes resulten todo menos literarios o teatrales. Son muestras de «cine puro» (término aludido en ocasiones por él mismo) que se sustentan en la materia básica de dicho arte, en esas imágenes y sonidos que ya formaban parte de los guiones y que luego, a pesar de esa presunta pereza suya en el plató, acababa rodando con maestría.

En definitiva, creo firmemente que quien aspire a ser un narrador audiovisual no debería olvidar que el cine comparte con otras artes, como el teatro o la literatura, la capacidad de inventar historias, tramas y personajes, pero que es el único que puede, además, plasmarlas a través de imágenes en movimiento. Es esta diferencia tan evidente, pero tan ninguneada en muchos casos, la que permite que una buena historia pueda llegar a ser también una buena película.

Dicho de otra manera, si el guion —como la vida— también es sueño, el guionista no debería dejar de soñar mientras escribe. No conviene que se parapete tras la idea de que el único cineasta es el director y que solo este tiene derecho a profundizar en la gestión de las imágenes. A pesar de que comparto aquello que decía Billy Wilder de que «escribir un guion es como hacer la cama a alguien. Después ese otro llega y se mete dentro de ella y a ti lo único que te queda es volver a casa», el guion y la película son, en realidad, un mismo ser, aunque en diferentes fases de su desarrollo. Comparten el mismo ADN y, por eso, el guionista debe aspirar a dejarle la cama hecha a alguien, pero para que ese alguien —el director—

tenga un sueño lo más parecido posible al que él o ella ha construido antes.

Y no me olvido de los directores que escriben sus propios guiones y que muchas veces también se escudan tras la excusa de que en la fase de redacción no reflejan ni la mitad de las cosas que después plasmarán cuando lleguen al rodaje, monten la película, añadan la música, etc... Sinceramente, creo que tampoco deberían renunciar a visualizar el mundo narrativo en la fase de escritura, porque para que su obra llegue a financiarse y acabe siendo rodada, será necesario que muchos lectores con capacidad de decisión «vean» su «película soñada» y tengan el deseo imperioso de convertirla en ese *sueño eterno* que los mejores filmes nos hacen revivir.

Más allá de la falta de autoconsciencia cinematográfica que manifiestan muchos guionistas, la segunda razón por la que creo que existen tan pocos guiones que se valgan del lenguaje específico del cine para narrar sus historias es que están escritos sin un conocimiento verdadero de las claves básicas de dicho código. Entre otras cosas, porque, a pesar de la inmensa cantidad de manuales de guion publicados, muy pocos abordan una parte tan esencial como es el dominio del «alfabeto audiovisual».

Sin duda, la estructura siempre ocupa el mayor número de páginas a la hora de explicar cómo se escribe un guion, seguida de la trama, de la creación de personajes y, en menor medida, de los diálogos.

Sin embargo, pocos teóricos del guion hablan, por ejemplo, de cómo traducir un pensamiento en una acción, de cómo plasmar la esencia temática de una historia con una sola imagen o de cómo explicar el arco de transformación de un protagonista a través de la utilización dramática de un objeto a lo largo de las diferentes escenas de un guion.

En su mayoría, los guionistas están tan preocupados de que la estructura se sostenga o de que la trama avance a buen ritmo, que se olvidan de que algunos de los problemas de su guion podrían solucionarse si fueran más conscientes de que el cine es el único arte potencialmente narrativo que nos ofrece, por ejemplo, el regalo del primer plano o del plano detalle. Gracias a esta capacidad de enfoque, podemos no solo dar informaciones que, en otro medio narrativo, requerirían una letanía de palabras, sino que tenemos la capacidad de convertir el objeto enfocado en un símbolo que, unido a un entramado de imágenes significativas, proporcione un grado insospechado de profundidad a lo que queremos explicar.

Este libro nace, por tanto, con la modesta intención de aportar algo nuevo a la abundante bibliografía sobre guion existente. Para ello, intentaré proporcionar a los guionistas y estudiantes de guion unas herramientas complementarias a las que, habitualmente, se enseñan.

Nuestro objetivo se centrará en destacar todos aquellos elementos expresivos específicos del cine y en mostrar cómo pueden traducirse en palabras dentro de un guion.

El viaje que propongo comienza con el repaso de algunas claves elementales del propio lenguaje audiovisual. Fundamentos, que más que aprenderse, han de recordarse, pues en los orígenes del cine, cuando este aún era mudo, el dominio de las propiedades significativas de las imágenes era absolutamente imprescindible. Ahora que nuestro mundo está saturado de palabras, aunque estas nos lleguen, principalmente, a través de pantallas, conviene hacer el esfuerzo de redescubrir el cine como un arte esencialmente visual.

Una vez repasados estos fundamentos básicos, continuaremos nuestro viaje hasta llegar al verdadero destino de este libro: el estudio de las inmensas capacidades poéticas del cine.

Pues si resulta poco habitual encontrar un guion que permita imaginar una película durante su lectura, aún es menos frecuente dar con uno que se valga de un entramado simbólico para lograr trascender la mera literalidad de las palabras.

Sin embargo, si un guionista consigue este objetivo, estará mucho más cerca de imprimir en papel una verdadera «película soñada». Por ello, a través del análisis de diversos ejemplos, descubriremos estrategias para hacer uso de aquellas figuras retóricas que mejor puedan ayudarnos a expresar con imágenes potentes el significado más profundo de nuestras historias.

Antes de emprender el anunciado recorrido, me gustaría facilitar al lector las coordenadas mínimas para que pueda situarse en el mapa del mismo, sin problemas. Para ello, considero importante anunciar desde el inicio que:

El presente libro no contiene fragmentos de los guiones analizados, sino «recreaciones» literarias de dichos fragmentos. A pesar de que la inmensa mayoría de los guiones de las películas estudiadas han sido consultados a través de diferentes archivos de Internet o de sus versiones publicadas, he tomado la decisión de no citar literalmente las escenas escogidas, para garantizar la fluidez del conjunto. El salto constante del texto literario al formato de guion habría ralentizado en exceso la lectura, y me he inclinado por esta opción intermedia que garantiza la máxima fidelidad a los guiones, aunque prescinda de su formato original.

En total, se analizan a fondo catorce películas, seleccionadas a partir de una repartición equitativa entre ejemplos de cine clásico y de cine contemporáneo. He intentado demostrar que la validez de los recursos expresivos presentados está vigente en el buen cine del pasado y también en el buen cine del presente.

En cuanto a la nacionalidad de las películas analizadas, aunque haya una presencia mayoritaria de cine norteamericano, no he querido dejar de incluir ejemplos de filmes europeos, así como de explorar muestras de otras cinematografías más lejanas como la oriental. De nuevo, el objetivo es demostrar que los recursos poéticos en el cine son patrimonio universal.

También he buscado encontrar el equilibrio entre ejemplos de guiones escritos por directores-guionistas, exclusivamente por guionistas, o redactados a cuatro manos entre uno y otro profesional. La alternancia de posibilidades me sirve para incidir en la idea de que, independientemente de si el guionista y el director son la misma persona o no, la potencia visual de una historia puede y debe quedar reflejada en el propio guion.

Finalmente, no hace falta decir que la selección de películas es fruto de los gustos personales de la autora, aunque su inclinación natural hacia los ejemplos utilizados sea consecuencia directa de la capacidad de dichos filmes para exaltar el poder del lenguaje cinematográfico a partir de la propia escritura del guion. Cuando una ama el cine y las historias a partes iguales, no hay mayor placer que ver una buena historia pensada en imágenes desde su concepción y este es, en mi opinión, el caso de todas las obras comentadas.

Espero y deseo que el lector de este libro disfrute del pase de diapositivas de un viaje ajeno que, con suerte, acabe haciendo suyo.

Capítulo I
Cómo pensar en imágenes
Fundamentos del estilo visual

Lo audiovisual frente a lo mental

La primera norma básica que debería aprender un aspirante a guionista es que, en un guion, la acción debe sustituir al pensamiento en todo momento; los sentimientos, reflexiones, dudas y dilemas de los personajes tienen que traducirse en acciones que los conviertan en visibles y/o audibles. Podríamos decir que esta es la principal diferencia existente entre un guion y una novela, donde lo mental puede llegar a ser el elemento predominante.

Admito que muchas veces no resulta nada fácil hacer visible lo invisible, cuando solo se cuenta con el instrumento de las palabras. Por esta razón, aconsejo que aquel que quiera formarse en la técnica del guion cinematográfico comience haciendo sencillos ejercicios de «traducción» de pensamientos y sentimientos en imágenes. De esta manera, se acostumbrará desde el inicio a utilizar la que será su herramienta básica como guionista.

Partamos de algunos ejemplos muy simples para mostrar de manera más clara a qué nos referimos. En la columna de la izquierda presentamos frases que consideraremos literarias y que, en la de la derecha, traduciremos en acciones visibles:

- Tiene frío = Está tiritando y se sube el cuello de su abrigo.
- Tiene sueño = Bosteza.
- Son las siete de la tarde = Un reloj de pared marca las siete. En el cielo, los colores del atardecer.
- Es religiosa = Se santigua y se arrodilla frente al Cristo con devoción.
- Es insegura = Se hace una coleta, se la deshace y se la hace de nuevo.

El ejercicio resulta de lo más sencillo. Solo es necesario pensar en una acción visual que sustituya a la mera enunciación de una realidad. No obstante, muchos guionistas primerizos se olvidan de aplicar esta técnica tan básica en sus guiones, que acaban colmados del tan poco dramático verbo «ser», cuando este, en la inmensa mayoría de los casos, podría ser sustituido por el «estar» o por cualquier otro predicado que implique una acción y que contenga un potencial dramático en sí mismo. Utilizar el verbo «ser» es un síntoma que, muchas veces, desemboca en un diagnóstico claro: el guionista tiene una peligrosa tendencia a la exposición y poco apego a la dramatización.

Obviamente, no todas las acotaciones literarias son tan fáciles de traducir en acciones visuales y no todas son tan «inofensivas» como las anteriores, porque leer en un guion el enunciado «tiene frío» no te saca de la lectura, aunque denote una falta de sensibilidad hacia la acción visual. El problema viene cuando nos encontramos con frases más elaboradas, referidas directamente a lo que pasa por la mente de los personajes como, por ejemplo, «siempre ha estado enamorada de él», «no sabe si debería acercarse a ella o volverse a su casa» o «nunca le ha gustado el verano». En casos como estos, el lector de un guion siente que está leyendo un texto literario que, solo si tiene la suerte de contar con un buen director, encontrará su oportuna traducción visual. Y es entonces cuando la posible «película soñada» se ve interrumpida abruptamente, las luces se encienden y volvemos a la realidad. Ya no estamos dentro de una ficción, sino leyendo una guía poco precisa y meramente informativa de una película que aún no existe. Es decir, la potencial capacidad del guion para que este sea ya imaginado desde la fuerza emocional de las figuras en movimiento se desvanece. Nuestros hipotéticos clientes (analistas profesionales, productores, distribuidores o representantes de una cadena de televisión) atisban, tal vez, el contenido de nuestro proyecto, pero no *ven* realmente la película.

Y no nos engañemos, el formato en el que se presenta un guion audiovisual no es un texto especialmente atractivo para nadie. Su lectura exige una concentración muy elevada y, como obra literaria, resulta muy poco satisfactoria, ya que el lenguaje no es, ni debe ser, el protagonista. Por eso, las palabras han de servir para proyectar imágenes y acciones, párrafo a párrafo, si queremos que los destinatarios de nuestro guion sientan el privilegio de ser los primeros espectadores de un futuro filme.

Escribir imágenes

¿Pero cómo hacerlo? ¿Cómo visualizar, por ejemplo, una frase con un contenido ceñido a la pura subjetividad como la de «siempre ha estado enamorada de él»?

Naturalmente, podemos recurrir a una voz «en off» que explique abiertamente lo que pasa por la mente de los personajes, ya sea en primera o en tercera persona. De esta manera, podríamos saber que el personaje A siempre ha estado enamorado de B. Esta traducción casi literal de la voz interna de un texto literario puede funcionar en algunos casos, pero si la adoptáramos como una costumbre, las películas dejarían de ser películas para convertirse en «novelas filmadas». Aprovechemos, pues, el conocimiento profundo del alma humana que nos proporciona la buena literatura, pero intentemos independizarnos de su forma para poder descubrir los mecanismos de expresión propios del cine. Imaginemos una secuencia que refleje la frase en cuestión:

Una mujer sale de una casa al exterior desértico de un paisaje del oeste americano. Divisa un jinete y se pone la mano como una visera sobre la frente para intentar identificarlo. Unos segundos son suficientes para que lo logre.

A su lado, se incorpora un hombre que pronuncia el nombre del visitante con tono interrogante. Ella asiente con un levísimo gesto y esquiva la mirada de él para volver a mirar al horizonte.

Los tres hijos de la pareja salen de la casa y la hermana mayor le señala a su hermano que el forastero es su tío.

Por fin, llega el visitante hasta el porche donde todos lo esperan. Baja de su caballo y saluda al padre de familia, que parece sorprendido de verlo. Después, el recién llegado se inclina sobre la mujer, ella le da la bienvenida, él la coge levemente del brazo y la besa con delicadeza en la frente. Ella se deja besar con los ojos cerrados. Después, lo invita a pasar al interior de la casa con un gesto. Comienza a caminar hacia atrás para no darle la espalda, sin perderlo de vista ni un solo segundo.

Entran en la casa. El invitado le da su casaca polvorienta y la mujer la lleva hasta el dormitorio, donde, a solas, acaricia con ternura la prenda del visitante.

Acabo de describir lo que sucede en la apertura del guion de *The searchers* de Frank Nugent, que daría lugar a *Centauros del desierto* de John Ford. La citada secuencia acabó sufriendo algunos cambios, como la reserva del celebrado momento de Martha acariciando a solas la casaca de Ethan para minutos más tarde, cuando él está a punto de partir de nuevo y ella expresa a través de ese gesto sutil, pero absolutamente clarificador, el amor que le procesa y que nunca podrá manifestar, porque está casada con el hermano de él.

Este instante es la culminación de una serie de gestos previos del personaje femenino, que están descritos con detalle en el guion de Nugent desde el comienzo de la secuencia, y que logran traducir a través de acciones visuales esa frase de «siempre ha estado enamorada de él» que planteábamos en un inicio. A pesar de lo mágico que llega a ser ese momento, sobre todo cuando vemos la película por segunda vez y sabemos que Martha morirá poco después a manos de los indios, su ejecución resulta, en realidad, de lo más sencilla: la descripción de un simple gesto nos descubre el secreto mejor guardado de una mujer.

Dicha sencillez se alcanza gracias a la confianza del guionista en el propio lenguaje cinematográfico y en su capacidad de encuadrar la acción dentro de un espacio. Nugent sabía que podía dirigir la mirada del espectador y su nivel de saber en función del punto de vista de Martha, que es el que predomina desde el inicio hasta el final de la secuencia. Si repasamos las frases subrayadas en el texto anterior, nos damos cuenta de que hay una progresión clara en los gestos de ella que hace que la intensidad de la escena vaya *in crescendo*. Al principio, Martha no puede manifestar sus sentimientos abiertamente, porque toda su familia está presente, pero Nugent remarca en su guion gestos que, sin llegar a desvelar nada al resto de personajes, sí que resultan significativos para el lector/espectador que va percibiendo que Martha siente algo intenso por Ethan. Al final de la secuencia, Nugent decide separar espacialmente a Martha de su familia para poder mostrarnos ese momento de ella en soledad, en el que por fin revela la verdad al espectador y se la oculta al resto de personajes.

Muchos guionistas parecen tener miedo a confiar aspectos relevantes del argumento a detalles tan sutiles como el descrito, porque creen que no van a lograr transmitir lo que desean con suficiente claridad. Temen, incluso, que algo tan pequeño pase desapercibido en una lectura rápida. Así que acaban optando por introducir algún diálogo o gesto mucho más obvio para clarificar el mensaje. Esto los lleva a adoptar un estilo excesivamente expositivo, que instala al lector en el poco atractivo territorio de la literalidad.

Otros guionistas sí que se atreven a confiar aspectos importantes de su historia a este tipo de indicios, pero llenan las acotaciones con numerosas indicaciones de cámara tales como «plano detalle sobre», «*tra-*

velling circular alrededor de...» para intentar subrayar al máximo la importancia de aquel elemento que para ellos no puede pasar desapercibido.

Sobre la utilización de este tipo de recursos, hay diferentes posicionamientos, tanto en el terreno académico como en el profesional, pero predomina la creencia de que un guion literario, al igual que un tratamiento, una sinopsis o cualquier otro formato que pueda adoptar un proyecto audiovisual en su fase de desarrollo, no debería contener tales especificidades técnicas, ya que solo el director puede y debe decidir cómo encuadrará todo aquello que el guionista ha incluido en una escena.

Claro está que, si el director es también el guionista, podría permitirse el lujo de ir indicando ya cómo va a rodar cada plano, pero si lo hiciera, la lectura del guion resultaría insufrible para alguien que no fuera él mismo o su director de fotografía.

Personalmente, creo que las indicaciones técnicas nunca deberían ir en un guion por una sencilla razón: nos sacan de la historia y por lo tanto, también de la «película soñada». Dejan constancia de que aún no estamos ante una obra audiovisual acabada y, como he dicho al principio, el objetivo máximo de un buen guion es que nos olvidemos de que aún no ha sido rodado y que seamos capaces de «ver» la película en nuestras mentes, mientras lo leemos.

Por último, también encontramos el caso de guionistas que confían en el poder de la acción y los gestos frente a las palabras, que no utilizan indicaciones de cámara, pero que ante el mismo miedo de que no llegue a entenderse lo que quieren decir, recurren a acotaciones literarias que aclaran esa acción o gesto que han inventado. Por ejemplo, a partir de la escena de *Centauros del desierto* analizada, después de describir que ella acaricia con ternura la casaca de Ethan, añadirían algo como «y comprendemos que está enamorada de su cuñado». El resultado es un estilo reiterativo, ya que se acaba diciendo dos veces lo mismo o avanzando información antes de tiempo.

No sirve de nada ser sutiles a través de los elementos dramáticos que introducimos en una escena para después «boicotear» al lector el placer de descubrir más adelante lo que ahora solo sospecha. Tenemos que tratar al receptor de un guion como si ya fuera el espectador de la película y no darle ni más ni menos información que a este último. Las acotaciones literarias que retransmiten la jugada en vez de, simplemente, mostrarla, molestan más que ayudan, porque convierten al lector en un receptor pasivo de la historia y no en un intérprete implicado.

El escritor cinematográfico ha de tener más confianza en la capacidad del lector/espectador para leer entre líneas. También ha de ser paciente y no obsesionarse por soltar las informaciones importantes cuanto antes, ni acompañarlas de grandes titulares. Un guion no es la portada de un periódico. Podemos permitirnos el lujo de que el público intuya antes de saber. De hecho, conviene que así sea, porque después, en el momento en el que se confirme su sospecha, lograremos que se sienta profundamente satisfecho de haber vaticinado la verdad. Y si no lo ha hecho o si alguien necesita una segunda lectura para hacerlo, tampoco pasa nada porque reciba la información más tarde. Lo importante es que, más allá de lo que va sabiendo, nuestro destinatario se sienta atraído por lo que va leyendo y, sobre todo, que quiera acompañarnos hasta el final de la última página.

Presentación visual del texto

No discuto que, una vez filmada la película, un gesto sutil puede acabar durando cuarenta segundos y estar captado en un plano detalle capaz de amplificarlo enormemente, mientras que, en el guion, puede que sea solo evocado con una frase descriptiva.

No obstante, además de la fe ciega en que esa frase, si describe una imagen o una acción suficientemente potente, será captada por el lector/espectador, el guionista tiene algunos recursos técnicos a su alcance para subrayarla, sin recurrir a reiteraciones, ni indicaciones técnicas. Estas herramientas las encontramos en la maquetación y edición del propio texto:

- Para empezar, podemos advertir de la importancia de un objeto o un gesto, recurriendo a poner en letras mayúsculas el nombre del objeto que queremos mostrar amplificado. Por ejemplo, no es lo mismo leer en un guion la frase

`«Esconde la llave en su puño.»`

que leer

`«Esconde LA LLAVE en su PUÑO.»`

El lector de la segunda opción se dará cuenta al instante de que esa acción subrayada es relevante para la historia, simplemente por la utilización de las mayúsculas.

- La separación de ciertas acciones relevantes en párrafos diferenciados también ayuda a enfocar la atención del lector hacia un indicio que no queremos que pase desapercibido. Veamos un ejemplo:

`Sara acaba de poner la mesa, se quita el delantal y se acerca a la alacena.`

`De un cajón extrae un CUCHILLO grande. Por un instante, sus ojos se ven reflejados en la afilada hoja.`

`Se escucha la puerta del recibidor abriéndose. Sara se pone muy nerviosa, mete el cuchillo rápidamente en el cajón y lo cierra con fuerza.`

La acción principal de esta escena se separa «por corte» del resto, a pesar de que es una acción en continuidad, que se desarrolla en un mismo espacio. De esta manera, el momento en el que el personaje coge el cuchillo destaca de una manera muy clara y el lector percibe que ese gesto será relevante para la historia, aunque aún no sepamos exactamente qué piensa hacer con el cuchillo. Quizás no acabe utilizándolo para nada, pero, igualmente, nos puede ayudar a visualizar lo que siente el personaje o cuál es su deseo oculto, sin necesidad de recurrir a una acotación literaria que lo explique.

- Además de la separación de párrafos, otra manera de dirigir la mirada del lector en una dirección concreta y de marcar un cierto ritmo interno dentro de una escena es la utilización de puntos suspensivos. Tomemos como ejemplo la siguiente frase:

```
Juan espera, impaciente, bajo el marco
de la puerta hasta que aparece María al
final del pasillo y Juan sonríe.
```

La redacción anterior no nos ayuda a enfocar la mirada, ni a insinuar en cuánto tiempo sucede la acción. Salvo la palabra «impaciente», no hay ningún elemento más que nos lleve a intuir que ese momento de espera es sumamente importante desde un punto de vista dramático.

Probemos una redacción igual de escueta, pero más enfática respecto a la dirección de la mirada y a la insinuación del *tempo* dramático de la escena:

```
Juan mira hacia el pasillo desde el mar-
co de la puerta.

El pasillo está vacío.

Juan espera en tensión hasta que por
fin...

María aparece en la esquina y Juan son-
ríe.
```

Observamos ahora dos elementos narrativos nuevos. Por un lado, el cambio de párrafo de la primera a la segunda frase nos ayuda a visualizar lo que el propio Juan está mirando. Adoptamos su punto de vista y esto nos permite «vivir» la escena desde la propia inquietud del protagonista. Después, la descripción escueta, pero clara de «el pasillo está vacío» nos ayuda a «sentir» que el personaje necesita llenar ese espacio desierto con la presencia de alguien. Es decir, captamos cuál es su deseo y eso nos invita a desear con él.

Asimismo, el recurso de los puntos suspensivos nos permite alargar el momento y el suspense de si ese alguien que espera es quien realmente aparece al final o no. Por su sonrisa, descubrimos que María es a quien esperaba, pero si, por ejemplo, la historia que estamos narrando es la de un hombre dividido entre el amor de dos mujeres, esos simples puntos suspensivos pueden ser un eficaz gancho para mantener en vilo al lector en un momento relevante de la narración.

- Otra fórmula para dejar entrever un estilo o imprimir un tono determinado a una escena es la utilización consciente de frases largas y puntos y seguido para lograr transmitir un ritmo lento y contemplativo y la de frases cortas y puntos y aparte para insinuar un ritmo ágil y dinámico. Superpongamos la descripción del mismo espacio con dos estilos radicalmente diferentes para observar los efectos tan dispares que podemos conseguir:

```
Sale al exterior de la casa y, a la luz
del día, descubre que se encuentra en
un prado inmenso, que parece no tener
fin. Lentamente recorre con su mirada la
línea del horizonte, distinguiendo un
pequeño bosque de pinos, un estanque en
el que se reflejan los rayos del sol y
una carretera sinuosa donde hay aparca-
da una camioneta negra.
```

Ahora veamos una segunda opción posible:

```
Sale al exterior de la casa.
El sol brilla con fuerza.
Analiza rápidamente su entorno.
Un prado inmenso, infinito.
Un bosque.
```

```
Un estanque.
Una carretera y
una CAMIONETA.
```

En el primer caso, el tipo de redacción nos permite imaginar una escena marcada por una cierta placidez. La contemplación del paisaje por parte del personaje no parece contener ningún elemento de tensión. Podríamos deducir que el sujeto, o bien ya conoce el entorno, o bien lo está descubriendo y se siente complacido.

En cambio, en el segundo caso, la redacción insinúa la existencia de una cierta tensión. El cambio constante de frase y de línea implica un montaje muy acelerado y fragmentado. El espacio se subdivide, mientras que, en el primer ejemplo, se está sugiriendo una panorámica. Esta fragmentación rápida del entorno nos hace sentir que el personaje no se siente cómodo. Se diría que está perdido o desconcertado, que parece buscar algo. Reconocemos una tensión implícita, un conflicto, una aceleración del ritmo.

Como el lector habrá percibido, he subrayado un adverbio en cada texto, «lentamente» y «rápidamente» respectivamente, para señalar la única diferencia objetiva entre uno y otro. Una diferencia relevante, ya que con una simple palabra estamos ayudando mucho a situarnos en un tono determinado. Aún así, es la longitud de las frases y la puntuación utilizada aquello que acaba de situar la escena en un territorio u otro, aunque los ingredientes de ambas sean los mismos.

A través de los ejemplos anteriores, vemos cómo un guion ha de resultar visual desde la propia redacción y maquetación del texto. Además de que el lector agradecerá los cambios de ritmo y de intensidad en función de la puntuación y los espacios que vaya encontrándose, también será capaz de enfocar su mirada más fácilmente en aquello que el guionista considera relevante dentro de cada escena.

Capítulo II
Cómo distinguir dos gotas de agua
El punto de vista del narrador y su visualización del mundo

El cristal con que se mire

Para que un guionista sea capaz de dirigir la mirada del lector/espectador dentro de una escena, además de dominar los fundamentos del estilo visual, tiene que saber filtrar, encuadrar y enfocar todos los elementos que quiere que formen parte de ella. Probablemente sepa lo que va a suceder, pero en un guion no podemos quedarnos con la enunciación de los hechos; estamos obligados a dramatizarlos de una manera visual. Eso implica tomar muchas decisiones sobre lo que vamos a ver y escuchar en cada momento. Estas decisiones dependen no solo de lo que la escaleta indique que tiene que pasar, sino de cómo el guionista lo vea en su mente. Y su manera de visualizar una acción concreta dependerá no solo de su aproximación personal a la historia, sino de su propia visión del mundo.

Woody Allen explica maravillosamente la idea anterior en su obra *Melinda y Melinda*. La película comienza con una escena en la que cuatro amigos intelectuales discuten sobre el carácter cómico o dramático de la existencia humana. Dos de los comensales son escritores, uno de ellos especializado en comedias y otro en dramas, y no hay manera de que se pongan de acuerdo. Un tercer miembro del grupo les propone un juego para intentar desencallar la discusión. Les explicará un hecho real y, después, cada uno de ellos tendrá que decir si le parece un drama o una comedia. Justo cuando comienza su relato se produce un fundido que, a través de una elipsis, nos lleva al final del mismo, con lo cual el espectador no llega a conocer la historia. Acto seguido, el autor de dramas expresa que, para él, claramente es un drama, y comienza a explicarnos cómo lo escribiría. De esta manera, pasamos a ver el principio de la «cara A» de la película de Allen:

Melinda, una mujer joven y atractiva, pero de aspecto descuidado y cansado, llega cargada con dos bolsas de viaje hasta un portal de una calle lúgubre de Nueva York. No se decide a tocar al timbre.

Mientras tanto, una cena de intelectuales, pertenecientes al mundo del teatro, tiene lugar a ritmo de una trascendente pieza de Mahler, que suena en el tocadiscos. Los anfitriones son una joven pianista y su marido, un actor en paro, que solo hace anuncios. Están intentando

conquistar a uno de los invitados, un
director teatral que le podría dar a él
un papel en su nueva obra. Completan la
lista de visitantes la mejor amiga de la
pianista, su marido, que es abogado, y
la mujer del director. Llaman al timbre
y se presenta Melinda, que resulta ser
la otra mejor amiga de la anfitriona, la
cual se queda muy sorprendida al verla.
La abraza, pero la situación resulta muy
incómoda, porque Melinda presenta muy
mal aspecto, ha atravesado el país hu-
yendo de algo, necesita un sitio donde
quedarse, pide una copa, aunque admite
ser alcohólica, y parece a punto de de-
rrumbarse. La anfitriona se la lleva a la
habitación de invitados y el resto del
grupo se queda comentando la lamenta-
ble situación de la visitante. El actor
frustrado arremete contra ella, criti-
cándola.

De pronto, la narración dentro de la narración se
interrumpe y volvemos a la escena inicial del restaurante. El autor de comedias le dice al de dramas que
no ha entendido nada, que la historia que han es-
cuchado, claramente, es material para una comedia
romántica y comienza a explicar cómo la escribiría él:

Vemos una alegre calle soleada de Nueva
York. Una música de jazz adereza la escena de preparación de una cena. La anfitriona es una joven directora de cine
que está intentado obtener gran parte

de la financiación de su próxima película de uno de los invitados, al que le
explica un argumento de lo más rocambo-
lesco. Mientras tanto, su novio, un actor en paro, cocina un elaborado plato,
ataviado con un delantal. Se dan cuenta
de que no tienen whisky y ella sale a
comprar una botella. En el descansillo
se encuentra con Melinda, interpretada
por la misma actriz y con el mismo aspecto desvalido.
    Cuando ya han empezado a comer, al-
guien llama a la puerta y aparece Melinda tambaleándose. La directora la hace
pasar, y la extraña acapara la atención
de todos los invitados. Melinda necesita agarrarse a las paredes para no caer
y anuncia que se acaba de tomar un bote
entero de somníferos. Todos se levantan
de la mesa para ayudarla. Le ofrecen un
café, pero ella pide una copa. El productor dice que tiene que vomitar inmediatamente. A ella le viene una arcada y
el actor grita que en la alfombra nueva
no. Para colmo, empieza a salir humo de
la cocina y descubrimos que el exquisi-
to plato se ha quemado.

La segunda narración («la cara B») dentro de la
narración se interrumpe y volvemos al restaurante del
inicio. A partir de entonces, Allen va saltando de una
versión a otra, explorando diferentes caminos y situaciones, siempre dentro del mismo argumento, en
función de si estamos en la comedia o en el drama.

Tal y como hemos observado, lo primero que hacen los dos autores para distanciarse uno del otro es «ambientar» y «decorar» la misma escena con elementos físicos muy distintos. El autor dramático se decanta por situarla en una calle lúgubre, mientras que el cómico opta por una luminosa y alegre. El primero ambienta la escena de noche y el segundo recurre a una tarde soleada. El interior de la casa en el drama es elegante pero frío, frente al de la comedia, que es un piso más ecléctico y colorido. La música que suena en el tocadiscos de la versión dramática es seria y solemne, mientras que, en la cómica, es una pieza de jazz desenfadada.

Como podemos comprobar, las primeras decisiones de los dos autores tienen que ver con la definición del espacio donde tiene lugar la acción. El mismo pie forzado les lleva a lugares muy diferentes, porque sus maneras de filtrar y encuadrar la realidad resultan totalmente opuestas. Sus posturas se contraponen, pero ambos comparten la necesidad de inventar, antes que nada, un universo diegético donde poder incrustar la historia, tal y como cada uno la ve. Antes de comenzar a tomar decisiones sobre el argumento, escogen los elementos más definitorios del mundo físico de la ficción que están creando. Saben que lo que venga después estará condicionado por toda esa información visual inicial, que tanto marca el tono de cada una de las dos versiones.

Sobra decir que el equipo de dirección, decoración, o hasta posproducción, serán los que acaben de darle un aspecto u otro a ese universo físico, pero el guionista tiene que avanzarse y visualizar sus rasgos generales sobre el papel, porque, como hemos podido ver, la elección de un espacio es una decisión determinante para la dramatización de una historia.

Más allá de este tipo de elecciones «ambientales», observamos también cómo ambas propuestas se distancian notablemente en el diseño de los secundarios y, sobre todo, en la relación que tiene la protagonista con ellos. En el drama, Melinda es amiga de la infancia de la anfitriona, y esta conoce perfectamente todo el pasado traumático que arrastra. Se pone de manifiesto el peso de un *background* que hace que la predisposición de los secundarios ante el conflicto de Melinda esté marcada por un cierto hastío, con lo cual el público puede intuir que no serán sus mejores aliados para poder afrontar su crisis. En cambio, en la comedia, nadie sabe nada de Melinda, excepto que vive en el mismo edificio y que se acaba de tomar un bote de pastillas. Los personajes entran en contacto con el contador a cero y, por lo tanto, no prejuzgan a la protagonista, sino que se muestran solidarios de manera instintiva. El espectador puede intuir que alguno de ellos logrará ayudarla a salir de la crisis que parece estar viviendo.

También destaca el carácter tan diferente de los diálogos. En el drama, son más pausados, las réplicas son más largas y, en consecuencia, el *tempo* de la escena es más sosegado, más denso. En cambio, en la comedia, los diálogos, además de remitir a cuestiones más livianas y divertidas, son rápidos y entrecortados, provocando un ritmo mucho más dinámico y ágil dentro de la escena.

Pero la diferencia más notable, la que realmente determina no solo el tono de cada una de las versiones, sino el futuro desarrollo de la trama, es el hecho de que, en la secuencia cómica, Melinda llegue a intentar suicidarse. Resulta, a priori, sorprendente que la situación objetivamente más angustiosa se produzca en la versión cómica y no en el drama, en el que la protagonista es mostrada en estado crítico, pero sin llegar a dar un paso tan grave como el de querer acabar con su vida.

Esta decisión de Allen no es, en absoluto, arbitraria. En la comedia, el guionista parte de un intento de suicidio para acabar otorgándole a Melinda una segunda oportunidad de vivir, en la que por fin encontrará el amor verdadero y la felicidad. La activación del drama, en cambio, nace de una mujer en profunda crisis, que intenta luchar para vencerla, pero que, tras fracasar de nuevo, opta finalmente por la tentativa del suicidio.

En la comedia, la idea de la muerte se desactiva en el temprano instante en el que es planteada. Si Melinda empieza tan abajo, solo puede ir a mejor. Iniciar el drama con una situación menos trágica, pero en la que la sombra del suicidio se vislumbra a lo lejos, abre el interrogante de si la joven logrará rehabilitarse o no a lo largo de la película, y aumenta la tensión sobre dicho proceso.

En definitiva, lo que Allen demuestra de manera magistral, más allá de las diferencias manifiestas entre los distintos códigos genéricos, es que no importa tanto lo que expliquemos, sino el cómo lo hagamos.

Las historias que contamos dan pistas importantes sobre nuestras intenciones, pero es el modo de visualizar y estructurar el universo ficticio en el que nos situamos lo que permite hacer llegar al público el verdadero sentido que queremos otorgar a nuestro relato.

Nuestra visión personal de una historia será siempre su principal valor. De ahí que podamos ver infinidad de adaptaciones del mismo argumento, sin cansarnos. El guionista debe preocuparse de montar una buena trama, por supuesto, pero también tiene que saber imaginar un mundo físico muy concreto. Si no reflejamos esto en el guion, nuestros lectores tendrán la sensación de que están viendo a unos personajes actuando delante de un fondo vacío, como si fueran actores rodando con una pantalla de croma a sus espaldas. Y, por encima de todo, perderemos una oportunidad única para empezar a definir las claves de nuestra actitud personal frente a la historia que estamos explicando.

Capítulo III
Cómo desnudar un alma
Los detalles relevantes

Atrezo interior

Hemos destacado la importancia de incluir dramáticamente en nuestro guion el mundo físico que acoge la historia que queremos contar, pero una de las primeras cosas que aprende un guionista primerizo es que las acotaciones deben ser tan breves como sea posible. Las largas descripciones del aspecto físico de personajes, vestuarios y escenarios no tienen cabida en un texto que aspire a ser leído con agilidad. Por otro lado, del mismo modo que las indicaciones de cámara suponen un intrusismo en el campo del director, la descripción excesiva de lo que vemos en una escena puede suponer una usurpación del territorio de diseñadores de producción, decoradores, figurinistas, etc...

Debemos, pues, encontrar el equilibrio entre el objetivo inicial y la anterior limitación. Las acotaciones han de ser escuetas, pero significativas. Hemos de descartar los detalles superfluos y las enumeraciones inútiles, y efectuar una descripción general clara en la que, a lo sumo, se pueda incluir algún detalle relevante.

Pero ¿cómo discernir entre un detalle clarificador y otro prescindible? Digamos que siempre que un elemento aparentemente superficial nos permita conectar con el fondo de la historia, del tema o de un personaje, dicho elemento se convierte, automáticamente, en relevante y, por tanto, debe aparecer descrito en la acotación de un guion.

Las huellas de John Doe

Recordemos el impacto de *Seven* de David Fincher, una película en la que cada plano contiene muchísima información gracias a una meticulosa dirección artística, que evoca una ciudad preapocalíptica muy sugerente visualmente, donde un asesino en serie mata inspirándose en los siete pecados capitales. Las secuencias en las que el espectador es invitado a adentrarse en los escenarios de sus crímenes son tan ricas en detalles y texturas, que podrían considerarse auténticas instalaciones artísticas en sí mismas.

La producción del filme debió ser un regalo para el equipo de dirección artística, responsable en gran medida de su inquietante atmósfera. Sin embargo, si echamos un vistazo a versiones del guion de Andrew Kevin Walker previas al rodaje, descubrimos que muchos de esos detalles que enriquecen las citadas escenas ya estaban presentes en sus acotaciones.

Repasemos, en este sentido, la memorable escena de «La pereza», en la que los dos policías protagonistas, interpretados por Morgan Freeman y Brad Pitt, entran, acompañados de un grupo de asalto, en el piso de un sospechoso, que acaba resultando ser una de las víctimas de John Doe, el verdadero asesino. Tras derribar la puerta, descubrimos un apartamento completamente decadente, desordenado y sucio, un espacio que parece abandonado. En el guion de Walker, la descripción de dicho escenario es muy escueta. Se limita a decir: «El apartamento está increíblemente sucio». Podría parecernos que no quisiera gastar más balas en esta fase o que no quisiera adelantar demasiado de lo que viene a continuación: el descubrimiento del cuerpo esquelético de un hombre atado a una cama, cubierto de llagas y con visibles muestras de tortura.

En este segundo caso, Walker sí que se detiene en la descripción de la víctima mutilada y en todo lo que la rodea y que los policías van descubriendo:

```
La palabra «pereza» escrita con excre-
mento humano en la pared, pequeños bo-
tes con muestras de orina, cabellos y
uñas, polaroids tomadas cada día del
cautiverio al que ha sido sometido la
víctima...
```

A través de todos estos detalles que fueron recreados fielmente en el rodaje de la película, ya desde el guion, se lograba no solo provocar repulsión en el lector, sino algo más importante aún: mostrar la inmensa capacidad del asesino de generar dolor a otro ser humano y, por tanto, reforzar así el poder de la fuerza antagonista de la historia.

A todos los elementos descritos, me gustaría añadir otro que considero demostrativo de la necesidad esporádica que un guion puede manifestar de introducir un mero componente de atrezo en su redacción:

```
Cientos de ambientadores de pino cuel-
gan del techo del piso de la víctima.
```

Recuerdo que cuando vi por primera vez la película, aquel detalle me llamó poderosamente la atención y me llevó a admirar el trabajo del director artístico y de su equipo de decoración, entre otras cosas, por ofrecerme una imagen desconcertante que nunca antes había visto. La sorpresa vino cuando, años después, descubrí que dicha opción escenográfica había sido ya prevista en el guion. En él, los ambientadores no colgaban del techo, sino que estaban esparcidos por todas las superficies —mesas, sillas, suelo, cama— del piso. Claramente, la idea de colgarlos fue una aportación a posteriori del director artístico, del decorador o, quizás, del propio director, pero la directriz de incluirlos dentro de la escena correspondía, estrictamente, al guionista.

¿Podríamos pensar, en este caso, que al mencionar un detalle tan pequeño, Walker se extralimitó con sus funciones, contaminando la labor del decorador? En absoluto. De hecho, es uno de esos elementos, solo aparentemente «decorativos», que nos permiten tocar el hueso de la historia.

Aunque el resultado de los ambientadores colgados del techo resulta muy desconcertante y atractivo visualmente, es mucho más significativo lo que esconde esa imagen. El hecho de que el asesino llene el escenario de su crimen con ambientadores nos dice algo importante sobre él. Nos aclara que su locura tiene un punto tremendamente racional y calculador. Sabe que para que su «obra» pueda llegar a su fin, necesita ocultar el hedor que provoca el cuerpo en descomposición de su víctima para que ningún vecino entrometido denuncie el caso a la policía antes de que se cumplan los 365 días que se ha marcado para completarla.

Con la inclusión de este detalle en el guion, Walker demuestra que se metió a fondo en la mente de su personaje. El macabro atrezo que lo acompaña no solo persigue el objetivo de recrear una atmósfera terrorífica, sino que es una oportuna dramatización de los movimientos de una mente tan compleja y retorcida como es la de John Doe.

La bíblica frase «por sus obras los conoceréis» adquiere un significado profundo en *Seven*. John Doe no deja huellas dactilares, porque se corta las yemas de los dedos con cuchillas de afeitar, pero, paradójicamente y gracias a este tipo de detalles, toda la película está impregnada de ese antagonista, ausente físicamente hasta el último tercio del metraje y, sin embargo, detentor del más completo y rico diseño psicológico de todos los personajes del filme.

Es cierto que el maravilloso retrato «en off» de John Doe se acaba completando con algunas turbadoras líneas de diálogo y con la inquietante interpretación de Kevin Spacey en los escasos quince minutos de película que protagoniza. Pero, en mi opinión, lo más destacable de la creación de Walker es su fe máxima en la idea de que los personajes de un guion deben definirse, sobre todo, por las huellas visibles que dejan sus acciones en el mundo físico que los rodea. Como dice el propio Doe: «Yo no soy excepcional, pero mi trabajo sí... cuando haya terminado mi obra, algo quedará».

En definitiva, siempre que un guionista dude sobre la idoneidad de incorporar un detalle en una acotación, debe preguntarse si puede o no servirle para visualizar algún elemento esencial de la historia. Lo más probable es que, si la respuesta es positiva, la duda ni se produzca, porque dicho detalle habrá surgido de manera natural del propio universo dramático planteado.

En cualquier caso, un guionista tiene que dominar el arte del detalle, de lo pequeño, si aspira a aportar texturas y profundidad al conjunto. A pesar del estilo sencillo que exige la redacción de un guion, su autor/a nunca puede reflejar la historia de manera esquemática. Tras la aparente simplicidad de la escritura, deberá esconder un entramado complejo que no nacerá de las líneas generales del relato, sino de los detalles y matices que lo particularicen. Por ello, una de las facultades de un buen guionista es la de ser una persona observadora. Conviene que tenga una cierta vocación de espía, que sea capaz de interceptar pequeñas señales y códigos secretos en el lenguaje objetual y no verbal del universo humano que le rodea. Si esto sucede, no solo será más fácil que su estilo de escritura resulte visual, sino que, probablemente, las historias que se le ocurran partirán de ideas con un potencial «audiovisual» mucho mayor.

Capítulo IV
Cómo hacer que el silencio suene
El lenguaje no verbal y el subtexto en los diálogos

El acompañamiento frente a la melodía

Lo peor que le puede pasar a un guion es que, con solo leer sus diálogos, y prescindiendo totalmente de las acotaciones, la historia se entienda perfectamente. Cuando esto ocurre, es la prueba más clara de que no estamos ante la deseada película soñada. Muy probablemente, nos hallaremos ante una narración con diálogos más o menos fluidos, pero que, en cualquier caso, se basará en la plana y nada interesante literalidad de las palabras.

No vamos a caer en la simplificación de considerar que los diálogos son un «invento del diablo», cómo pensaba la estrella caduca de cine mudo de *El crepúsculo de los dioses,*[1] pero vamos a hacer de ellos una herramienta más, y no el eje sobre el que pivote

---

[1] *El crepúsculo de los dioses [Sunset Boulevard, o Sunset Blvd. / El ocaso de una vida / El ocaso de una estrella].* 1950. Dirección: Billy Wilder. Guion: Billy Wilder y Charles Brackett.

nuestro proyecto cinematográfico. El guionista debe tener en cuenta que las palabras siempre se escucharán acompañadas de otras informaciones brindadas a través de las imágenes, y de esa necesaria dialéctica surgirá todo el poder de fascinación de la escena que estemos imaginando.

En la propia vida, rara vez hablamos sin estar haciendo otra cosa al mismo tiempo. Y eso que hacemos, algunas veces sin darnos cuenta, dice mucho de nuestra personalidad, carácter, manías o costumbres. No somos bustos parlantes como los presentadores de un telediario y nuestros personajes tampoco deben parecerlo. Por eso, además de escoger las palabras precisas de los diálogos, el guionista tiene que plantearse cuáles serán los gestos y movimientos de cada personaje dentro de la escena. No tiene el mismo significado que alguien pronuncie «Lo siento, ya no te quiero» mirando a los ojos de la otra persona, que dándole la espalda y esquivando su mirada. El guionista debe saber cuál de las dos actitudes tomaría su personaje en función de si lo cree suficientemente valiente como para enfrentarse de cara al conflicto, o si cree que ocultaría su rostro, porque, en realidad, no lo siente, pero por alguna razón se ve obligado a decir la dramática frase. El guionista sabe lo que pasa por la mente de sus criaturas y, aunque no pueda expresarlo abiertamente en las acotaciones, sí que puede insinuarlo a través de la descripción del lenguaje no verbal que entra en juego en cada momento.

Otro aspecto que también ha de ser contemplado en las descripciones de la acción son los silencios, las pausas entre un diálogo y otro. Si no se indica un silencio o una pausa, se entiende que las réplicas fluyen una inmediatamente después de la otra. Y no creo aconsejable confiar en que, más tarde, en el rodaje, el director o los propios actores colocarán esas pausas donde toque. Es cierto que muchas de ellas, así como algunas modificaciones de lo que se dice, se realizarán en los ensayos o durante la repetición de tomas. Pero mientras leemos un guion, también necesitamos que nos indiquen aquellos silencios que pueden llegar a modificar el contenido. Por ejemplo, no es lo mismo que un personaje le diga a otro: «he conseguido el puesto» y este conteste inmediatamente «enhorabuena», que se indique que, después de unos segundos de silencio, lo acaba felicitando. En el primer caso, probablemente el receptor de la noticia se la esperaba y parecería que está realmente contento por ella y, en el segundo, podríamos interpretar que la noticia es una sorpresa para él/ella y que necesita un tiempo para hacerse a la idea, quizás porque el puesto significa un traslado y no quiere que la persona se vaya de su lado. La indicación de los silencios y las pausas entre diálogos es, en definitiva, una herramienta más para matizar y clarificar el significado real de las palabras que se pronuncian.

También conviene acotar lo que podríamos denominar como tiempos muertos o momentos en los que los personajes pueden dejar de hablar o la acción queda detenida, pero en los que la pantalla sigue ofreciéndonos alguna imagen, cuya contemplación puede aportar nuevos significados a la escena. Un personaje mirando fijamente un móvil que no suena durante un lapso largo de tiempo tiene todos los puntos para resultar mucho más efectivo, dramáticamente, que montar una escena en la que el personaje en cuestión le explica a un amigo que la chica que le gusta no le ha llamado y que está desesperado.

A los estudiantes de guion, se les inculca la necesidad de la acción para hacer avanzar una historia, y es cierto que resulta un elemento indispensable, al menos cuando se trata de construir una *arquitrama*. Pero no conviene olvidarse de que la falta de acción también puede contener informaciones dramáticas, como en el caso anteriormente descrito.

La clave está en escribir siempre pensando en las dos pistas predominantes de nuestro relato: la de las palabras que se pronuncian y la de las acciones visuales que se muestran. No tenemos que dejar de mirar nunca, mientras escuchamos hablar a nuestros personajes. La información visual sembrada antes o durante una escena nos permite completar y matizar los diálogos que se pronuncian en ella. De este modo, siempre tendremos la seguridad de que nuestros lectores/espectadores serán capaces de interpretar todos los mensajes que les lancemos, aunque vayan cifrados en un código secreto.

Y, por último, pero no por ello menos importante, los diálogos tienen que valerse del subtexto para que sean ricos y esquiven tanto como sea posible la literalidad. En función del contexto y del *racord* que el espectador tenga de la historia, las palabras podrán significar algo muy diferente a lo que realmente parecen decir.

Por un lado, el guionista ha de trabajar sobre el texto, que contiene lo que los personajes dicen, y, por otro, tiene que cuidar el subtexto, que nos remite a lo que piensan. En la mayor parte de los casos, el subtexto de los diálogos es una herramienta más para sostener la tensión dramática que mantiene el interés del espectador, porque los personajes aún no han evolucionado lo suficiente como para expresar abiertamente lo que sienten, lo que ocultan o lo que realmente necesitan. El subtexto es, de alguna manera, el receptáculo de aquello que los teóricos del guion definen como Necesidad del personaje o deseo oculto, frente al visible Objetivo, que habita en el texto. Y la tensión dramática procede, en gran medida, de la lucha interna entre estos dos elementos esenciales que afectan al protagonista.

Es bastante razonable pensar que, en el cine contemporáneo, la utilización del subtexto en los diálogos se haya visto relegada, debido a la feliz caída de cortapisas morales o agentes de censura que tanto estimularon los juegos de doble sentido en el cine clásico, cuando los guionistas dominaban el arte del circunloquio y del eufemismo, y se las tenían que ingeniar para que una chica demostrará su interés sexual en un hombre, recurriendo a un sutil «si me necesitas, silba». Las grandes series de la televisión contemporánea, realizadas en un amplio marco de permisividad moral, han demostrado, sin embargo, que el subtexto puede servir para algo más que para eludir fantasmas censores, pues la vida real está llena de situaciones, tanto públicas como íntimas, en las que la información se gestiona desde el encubrimiento parcial de los significados.

En la misma medida, un guion cinematográfico debe seguir atendiendo a los diferentes niveles de sentido que puede ofrecer un mero intercambio de palabras. La fuerza del diálogo no solo tiene que ver con la riqueza del lenguaje de las réplicas de un personaje, sino también con el modo con que se proporciona al espectador una información. Demasiadas veces, en los malos guiones, se cae en la reiteración, pues el mismo contenido entra por dos canales diferentes, el de la vista y el del oído, sin ningún tipo de contraste, ironía o complemento que justifique tal duplicidad. Por otro lado, dar una importancia excesiva a lo que se quiere decir puede hacernos desatender el cómo se dice, cuando es ahí donde se esconde, como ahora pasaremos a ver, el verdadero drama.

Bolsos y corbatas: secretos y mentiras

Tomemos como ejemplo una escena de *Deseando amar* de Wang Kar-wai, que, de manera sencilla, ilustra cómo se puede hacer uso del subtexto en los diálogos para lograr una gran trascendencia de sentidos, a partir de una conversación en apariencia muy banal.

La película explica la historia de una mujer, cuyo marido la engaña con la esposa de su vecino, el co-protagonista. El filme comienza cuando ambas parejas se instalan en el mismo vecindario y los dos amantes establecen contacto, mientras sus respectivos cónyuges comienzan a sufrir sus ausencias y a sospechar que están siendo engañados. Un día, en el descansillo, se cruzan los dos protagonistas, y a él le llama la atención el bolso que ella lleva en la mano. Acto seguido, los vemos en una escena clave en la que ambos se encuentran en un café y se produce la confirmación de una sospecha que los ha estado acechando tanto a ellos como al público: sus respectivos cónyuges tienen una aventura. No obstante, esta información tan importante, que es la que cierra la presentación de la trama y nos hace sumergirnos en el desarrollo del conflicto, no se llega a pronunciar abiertamente en ningún momento. Nada más comenzar la escena, nos percatamos de que el descubrimiento del bolso por parte de él ha sido la clave definitiva para atreverse a invitarla a un café y comenzar la conversación del siguiente modo:

Él: Supongo que le ha sorprendido que le pidiera que nos viéramos, pero quiero preguntarle algo...

Ese bolso que llevaba esta tarde... ¿Dónde lo compró?

Ella: ¿Por qué me lo pregunta?

Él: Es muy elegante, me gustaría comprarle uno a mi mujer.

Ella: Mr. Chow, es usted muy atento con su mujer.

Él: No tanto, la verdad es que es su cumpleaños en unos días y no sé que comprarle.

¿Podría comprarme uno igual para ella?

Ella: ¿No ha pensado que puede que no quiera que sea exactamente igual?

Él: Tiene razón, no había pensado en eso. A una mujer le importan esas cosas.

Ella: Sí, especialmente siendo vecinas.

Él: ¿Lo tienen en otros colores?

Ella: Tendría que preguntárselo a mi marido.

Él: ¿Por qué?

Ella: Me lo compró en un viaje que hizo al extranjero. No los venden aquí.

Él: No importa.

Ella: La verdad es que también quería preguntarle algo.

Él: ¿Qué?

Ella: ¿Dónde compró su corbata?

Él: No lo sé, mi mujer me compra las corbatas.

Ella: ¿Ah sí?

Él: Me la compró en un viaje de negocios al extranjero. No las venden aquí.

```
Ella: ¡Qué coincidencia!
Él: Sí.
Ella: La verdad es que mi marido tiene
una igual. Se la compró su jefe, así que
la lleva todos los días.
Él: Y mi mujer tiene un bolso igual al
suyo.
Ella: Lo sé, se lo he visto... ¿Qué in-
tenta decirme?...
Pensaba que era la única que lo sabía.
```

El diálogo transcrito está articulado de una manera muy hábil y elegante a través de una acertada utilización del subtexto. Nos encontramos con una situación en la que ambos personajes saben algo, pero él, debido al descubrimiento del bolso, necesita cerciorarse de que el amante que, con toda seguridad, tiene su mujer, es el marido de su vecina. Sin embargo, no se atreve a preguntárselo de manera directa, porque quizás ella no sepa la verdad y, en tal caso, se la haría descubrir de manera traumática. La situación resulta delicada y él tiene que recurrir a hablar de bolsos para sacarle la información. Una vez la ha obtenido, ella manifiesta saber asimismo la verdad, pero también esquiva decirlo abiertamente y lo que hace es recurrir a hablar de corbatas. Es así como un diálogo aparentemente superficial sobre complementos de ropa es, en realidad, una densa escena de confesiones, en la que las piezas encajan para ambos a la vez que para el público, que ve confirmada su sospecha, aunque nadie haya llegado a pronunciar el titular de la noticia. Entre otras cosas, porque lo importante de esta escena no es la confirmación de la verdad, sino el hecho de que cada uno de los dos personajes descubra que el otro había llegado a sospechar lo mismo. Esa puesta en común del conocimiento, a partir de la escena descrita, será el desencadenante del conflicto central de esta bellísima historia de amor entre un hombre y una mujer que, al intentar entender el por qué han sido engañados por sus respectivos cónyuges, acaban enamorándose el uno del otro.

Hemos podido comprobar cómo el universo físico de nuestra historia juega también un papel importante en relación a los diálogos y, más concretamente, a la hora de hacer uso del subtexto. En el ejemplo analizado, el sembrado del bolso, con su correspondiente descripción en la acotación de una escena anterior, es clave para poder jugar al escondite con las palabras en el diálogo descrito. Una pequeña pista visual es la que nos permite descodificar el sentido real de un diálogo que, sin esa imagen previa, no podríamos descifrar.

Capítulo V
Cómo decirlo todo sin decir nada
El Tema y los símbolos visuales

¿Una imagen o mil palabras?

Normalmente, tendemos a diferenciar en exceso el cine «poético» del cine «narrativo». Hay un cine sin ninguna vocación de narrar, que busca generar sensaciones por encima de todo, pero existe el cine narrativo que también se vale de lo poético para lograr alcanzar la sublimidad.

Un guionista, al igual que un poeta, no solo puede registrar y evocar imágenes, sino también inventarlas. Mediante el uso de las palabras, ambos pueden crear asociaciones entre una imagen y otra que, combinadas, den lugar a una nueva. Esta nueva imagen podrá funcionar, entonces, como un símbolo, que contenga en sí mismo una idea. Y cuando un guionista es capaz de traducir una idea en una imagen, el camino para llegar al público se acorta muchísimo.

Más allá del discutible tópico de si una imagen vale más que mil palabras, lo que sí es evidente es que *una imagen es más rápida que mil palabras*. Necesitamos mucho menos tiempo para transmitirla y para descifrarla y, por otro lado, el hecho de que no dependa de un idioma concreto, permite su descodificación en contextos lingüísticos diferentes.

Ahora bien, aunque nuestro mundo está lleno de símbolos culturalmente sedimentados que somos capaces de interpretar sin ningún esfuerzo (del crucifijo cristiano a la paloma de la paz), no se nos educa con la misma rotundidad en el arte de inventarlos. El músculo de la creatividad visual no siempre se potencia y, por eso, nos cuesta mucho más partir de lo literal para llegar a lo simbólico, que a la inversa. Es tarea del guionista intentar reconstruir el camino de vuelta, para llegar a entender el mecanismo de invención de un símbolo propio. Sin duda, la mejor manera para guiarse en este terreno es a través del análisis del entramado visual de obras cinematográficas previas.

Lo primero que descubrimos al hacer este ejercicio es que el efecto poético no se logra con el registro de una estampa bella en sí misma. No es suficiente con describir en una acotación un hermoso atardecer en un paraje natural paradisiaco para crear un significado trascendente. Las imágenes con más potencia metafórica tienden a estar perfectamente engarzadas con la narración. No importa que estén asociadas o no a los cánones tradicionales de lo que es bello o sublime. La postal de un vertedero puede contener un gran momento de revelación. Lo que se trata es de conseguir que esa imagen disponga de un valor connotativo poderoso, cargado de claves para enriquecer el contenido de la historia, y el posicionamiento moral de quien la está contando en relación al tema que aborda.

Por esta razón, para lograr inventar imágenes que hagan transcender nuestros puntos de vista, tenemos que conocer muy bien la base temática de nuestra historia. Curiosamente, demasiado a menudo, los guionistas tienen muchísimos problemas para contestar a una pregunta tan sencilla como esta: ¿De qué habla tu historia más allá de los hechos que narra? Algunos, ante la incomodidad que provoca la pregunta, recurren a respuestas como «yo no quiero hacer una película con mensaje, solo quiero mostrar unos hechos y que el espectador saque sus propias conclusiones».

En mi opinión, esta respuesta solo está justificada una de cada mil veces que se utiliza, porque solo obras y posturas autorales muy experimentales pueden acogerse a esta enmienda. Cualquier relato con la intención de explicar una historia, ya sea con un estilo clásico y directo o con uno más esquivamente subjetivo, siempre tiene un significado. No hay películas sin mensaje y películas con mensaje. Hasta la película más aparentemente superficial, trasmitirá un argumento moral.

Por eso, considero tan importante que un guionista sepa lo que realmente quiere decir, más allá de los hechos que narra. El tema siempre es indivisible del argumento, y cuanto antes sepamos qué es exactamente lo que deseamos transmitir, antes sabremos que forma darle al discurso para poder explicarlo bien.

El tema es uno de los elementos esenciales de un guion, es la médula de nuestra historia y por ello, no podemos caer en la trampa de pensar que el guion hablará por sí mismo y que el público deducirá qué es lo que queríamos explicar. Y no hay que equivocarse: el objetivo final —por supuesto— es que el tema se deduzca de las imágenes, y no que esté literalmente pronunciado, pero eso no nos exime de saber de qué estamos hablando.

Es cierto que muchas veces el argumento nos lleva a un tema y no al revés. De hecho, sucede así casi siempre, excepto cuando queremos escribir una «película de tesis». No obstante, en el proceso de inventar la trama y los personajes, tenemos que hacernos las suficientes preguntas sobre las razones por las que nuestras criaturas actúan de una manera o de otra, en un orden u otro, para darnos cuenta de cómo la combinación de los diferentes elementos dramáticos de nuestra historia nos empuja hacia un significado global determinado.

Una vez el guionista entiende el «Por qué» del «Qué», es cuando está preparado para tomar las decisiones sobre el «Cómo». Es entonces cuando podrá empezar a plantearse todas las cuestiones que comenzaremos a abordar en la segunda parte de este libro, porque solo podemos escoger el cuadro que queremos colgar en una pared cuando esta ya ha sido pintada y antes enyesada y previamente levantada y sustentada en una estructura, que, a su vez ha sido erigida sobre unos cimientos sólidos. Un guion es una construcción en la que, como en un edificio, todo tiene que ver con todo, y un pilar mal colocado puede hacer que el conjunto se venga abajo. Por eso, para que un guion funcione, es tan necesario saber verlo en su conjunto, como si desplegáramos el plano de una construcción arquitectónica sobre una mesa.

En definitiva, si queremos analizar el entramado simbólico de una obra, debemos profundizar en su fondo, ya que los símbolos que encontremos en ella solo podrán ser descodificados si entendemos el argumento moral de la película.

Por esta razón, a partir de este momento, el presente libro adquirirá, necesariamente, un ritmo más pausado y reflexivo. A través de la observación de los detalles, visibles en la superficie, nos sumergiremos en lo más hondo de los relatos analizados, estableciendo conexiones claras entre forma y fondo que, aunque sean fruto de la labor interpretativa de la autora, pueden ayudarnos a reconocer algunos recursos poéticos, aplicables a la construcción de nuestros guiones.

Para llevar a cabo dicha labor, he intentado situar al lector «dentro» de la película de la que hablo en cada momento, sobre todo para aquellos que no hayan visto el filme comentado o que no lo recuerden con claridad. Para ello, me he valido del recordatorio de las líneas generales de los argumentos, ya que, sin tenerlos claros, resulta imposible seguir el análisis de los recursos poéticos puestos a su servicio.

Nieve y fuego

Repensemos un momento la opera prima de Orson Welles, *Ciudadano Kane*. Recordemos una vez más cómo, tras una intensa búsqueda, Thompson, el periodista investigador encargado de darle un significado a «Rosebud», la última palabra del difunto magnate, acaba afirmando que «ninguna palabra puede explicar la vida de un hombre». El reportero llega a esta conclusión después de un gran periplo de entrevistas con todas aquellas personas que habían conocido al millonario Kane, es decir, después de escuchar y registrar miles y miles de palabras. Sin embargo, cuando el personaje conductor sale de la historia, Welles nos muestra una escena en la que el público sí que acaba descubriendo el secreto planteado al inicio del filme. En medio de montañas de objetos, que el millonario había ido acumulando durante años, se nos descubre un trineo infantil, que un operario lanza al ávido fuego de un horno gigante. El público es capaz, entonces, de descubrir claramente cómo la palabra «ROSEBUD» comienza a borrarse para siempre, consumida por las llamas. Y de pronto, se da cuenta de que una palabra sí que podía explicar, en buena parte, el sentido de la vida de Charles Foster Kane, pero no por su significado literal —capullo de rosa—, sino por el poder que esa imagen del trineo calcinándose tiene en sí misma.

Resulta curioso que, en su debut como cineasta, un hombre de teatro y de radio como Welles, o lo que es lo mismo, un hombre, esencialmente, de palabra, confiara una clave tan importante para el entendimiento de su historia al plano mudo de un objeto. Por eso, quizás, no fue un debut cualquiera, sino el nacimiento de uno de los cineastas más importantes de todos los tiempos, que supo extraer al medio cinematográfico —su gran «tren eléctrico»— todo el jugo posible. No obstante, cabe decir que, desde el propio guion de *Ciudadano Kane,* escrito a cuatro manos entre Welles y Herman J. Mankiewicz, se aseguró la jugada, construyendo un elaborado entramado simbólico, en paralelo a la propia trama, para garantizar la efectividad del inolvidable plano del final. Veamos cuáles son los elementos claves de la maquinaria metafórica de la película, desde su primera escena:

1- Después de un recorrido por diversos rincones de la ostentosa, pero lúgubre Xanadú, entramos en la habitación del moribundo multimillonario y escuchamos su última palabra, «Rosebud», que se superpone a la imagen de una bola de nieve con una cabaña en su interior, que cae de su mano.

Más tarde, una vez adentrados ya en la búsqueda del significado de esa última palabra de manos del periodista investigador, vemos una escena que nos muestra cómo:

2- Un inocente y feliz Kane niño es separado de sus padres de manera traumática. La dolorosa separación tiene lugar bajo la nieve en un paisaje cubierto de blanco con una cabaña, donde el protagonista había sido criado hasta el momento. Al ser arrancado de su madre, el joven Kane arremete contra su nuevo tutor, lanzándole el juguete que tiene en las manos: un trineo. De momento, no se le muestra al espectador la inscripción de la palabra Rosebud en él.

En una escena posterior, Kane es abandonado por su mujer del siguiente modo:

3- Ella lo acusa de no haber sido capaz nunca de darle algo importante, que no fuera material y se va. El magnate se queda solo en la habitación de ella y, despechado, comienza a destrozar todas sus pertenencias. Destruye cientos de objetos decorativos hasta que se detiene cuando descubre la bola de nieve con la cabaña en su interior, que hemos visto en la primera escena, y ante la mirada atónita de su mayordomo, pronuncia, de nuevo, la palabra «Rosebud», mientras sostiene el significativo objeto.

Finalmente, asistimos a la última secuencia del filme:

4- Un almacén inmenso lleno de miles y
miles de objetos: obras de arte, col-
menas de castillos, coches, muebles...
Todas las posesiones materiales de Kane
abandonadas tras su muerte. Entre las
montañas de tesoros, descubrimos un
trineo que un operario coge y lanza dentro de un horno. Antes de se queme del
todo, somos capaces de leer la palabra
«Rosebud» inscrita en el trineo. Ningún
personaje se percata de ello. Solo el
público lo presencia.

Como vemos, en la primera escena en la que se conjugan los elementos de la bola y de Rosebud, el espectador no es capaz de establecer ninguna conexión. En cambio, la segunda vez, cuando vuelven a conjugarse en la escena del abandono de la mujer, ya somos capaces de otorgarle un significado nuevo al objeto de la bola, porque, ahora, la imagen de la cabaña bajo la nieve nos remite automáticamente a la escena en la que Kane es separado de sus padres. El misterio sobre el que se sustenta la investigación de la trama aún no queda resuelto, porque, hábilmente, en esta secuencia intermedia, no se enseña la inscripción del trineo. Sin embargo, ya somos capaces de intuir, porque los guionistas nos han llevado tres veces ahí, que la imagen de la cabaña y la nieve esconde la respuesta al enigma que quedará resuelto en la escena de clausura, donde, por fin, se desvela la conexión entre la palabra «Rosebud» y el trineo y, en consecuencia, el espectador entiende que la vida del magnate quedó congelada el día que abandonó la casa de sus padres.

A partir de este ejemplo, podemos extraer ciertas premisas útiles para lograr este efecto poético basado en el carácter connotativo —y no verbal— de los elementos visuales de un filme:

- La primera conclusión que podemos extraer es que la imagen escogida no significa nada, si la aislamos del texto. Si solamente presentáramos la panorámica de una cabaña cubierta por la nieve, nunca podríamos llegar a descifrar el mensaje de la historia. Es decir, para que una imagen se transforme en un símbolo, «cabaña» y «nieve» han de perder sus significados literales.

- La segunda conclusión a la que podríamos llegar es que las imágenes aisladas, salvo en los casos en los que, culturalmente, tengan un significado asignado, difícilmente pueden convertirse en símbolos, porque estos nacen, habitualmente, de la combinación de distintas imágenes.

- La tercera conclusión es que una misma imagen puede evocarse de distintas maneras, y que, en las variaciones que tal uso suscite, radica muchas veces la efectividad de un símbolo dentro de un filme. En este caso, por un lado, tenemos la cabaña y la nieve, y, por otro, la bola decorativa con la misma imagen, aunque en un «formato» diferente. El objeto en miniatura tiene un valor poético mínimamente preestablecido, ya que conlleva el deseo innato del ser humano de congelar ciertos momentos en el tiempo, de preservar nuestros mejores recuerdos. Las bolas de nieve, habitualmente, son *souvenirs* que contienen estampas de ciudades, cuyos visitantes no quieren olvidar nunca. En el caso de Kane, el descubrimiento de la bola en la habitación de su mujer le hace recuperar el recuerdo de una niñez sepultada bajo la nieve del olvido forzado. Hasta ese momento, entendemos que el magnate ha suplido el anhelo de una infancia perdida con la ansiedad por poseer cosas y personas, pero alcanzada la vejez, y una vez su esposa lo abandona, el trauma infantil emerge de nuevo evidenciando que en el preciso momento en el que sus padres decidieron que si lo cedían, podría llegar a tenerlo todo, lo condenaron a no tener nada, o, al menos, nada que pudiera acercarle a una existencia feliz.

Y este es, por mucho que nos resistamos a la simplificación, y que la película contenga muchos otros tesoros significativos, el «mensaje» (o uno de los mensajes inequívocos) de

Ciudadano Kane. Un argumento moral que se revela al público a través de un entramado simbólico sencillo, pero sumamente efectivo, que permitió a sus autores prescindir de la literalidad de las palabras para explicar el tema principal de su obra.

De todos los recursos expresivos que expondremos en este libro, quizás este puede resultar no solo el más útil, sino el más «necesario», ya que tenemos que intentar firmemente que el Tema de una película nunca sea explicado abiertamente, si no queremos caer en el dogmatismo y la simplificación. Cuando las ideas se transforman en palabras de forma literal, el espectador tiene la sensación de que la historia de la que estaba enganchado se ha visto interrumpida por un discurso filosófico o político, pronunciado por unos personajes, pero formulado por su autor. En cambio, cuando las ideas se transforman en imágenes, dicho discurso se difumina y se cuela de manera natural y casi imperceptible en la parte reflexiva del cerebro del espectador, sin necesidad de dejar de mantener activa la parte más sensorial y sensitiva. De este modo, no solo no se siente aleccionado, sino que puede seguir conectado emocionalmente con sus personajes, sin dejar de disfrutar de la historia.

Capítulo VI
Cómo mostrarse sin ser visto
Capas de lectura y dosificación de la información

Lo que la verdad esconde

Hemos visto en un capítulo anterior cómo se puede hacer uso del subtexto en los diálogos, pero existen otro tipo de encubrimientos que no se basan en la contradicción entre lo que los personajes piensan y lo que dicen, sino que se sustentan en lo que el narrador sabe y oculta hasta el final. Se trata, por ejemplo, de casos en los que un protagonista aún no conoce una verdad esencial sobre la historia, y la narración está estructurada en función de dicha carencia cognitiva. De esta manera, la *anagnórisis* o *cambio de saber* del personaje principal coincide con el momento final en el que se desvela una información determinante, también para el espectador.

Un ejemplo claro de este tipo de narración sería *Los otros,* película de fantasmas, cuya trama está articulada en función del sorprendente descubrimiento final que hace su protagonista (el hecho de que ella misma es un espectro) que se produce al mismo tiempo para ella que para el espectador. No obstante, en la escritura del filme, Alejandro Amenábar (guionista y director) insinúa al espectador «la verdad» mucho antes de que se produzca la revelación final. Y lo hace a través de pistas que, aunque no seamos capaces de interpretar correctamente hasta que acaba la película, han introducido, mediante un acertado uso del subtexto, una sutil carga de significación encubierta.

Fijémonos, por ejemplo, en las tres escenas de apertura de *Los otros:*

1. Sobre la vista de una casa señorial, se sobreimprime en pantalla el rótulo «Isla de New Jersey, 1945».

2. Grace emite un grito desgarrador con su cabeza aún apoyada en la almohada. Le cuesta respirar hasta que logra calmarse, al darse cuenta de que acaba de despertar de una pesadilla. La calma parece llegarle definitivamente cuando coge su reloj de pulsera de la mesilla de noche y descubre que sus manecillas siguen moviéndose.

3. Tres figuras se aproximan a la casa entre la niebla. Distinguimos a un hombre, a una mujer de unos 60 años y una joven veinteañera. El hombre le pregunta a la mujer madura por un antiguo conocido de ambos y ella contesta: «Supongo que habrá muerto, como todos los demás».

Como sabe todo espectador que haya visto la película de Amenábar, lo que descubrimos al final es que todos ellos, además de la protagonista, han muerto y son fantasmas. Durante todo el filme están en un limbo del que Amenábar hace su personal interpretación, para otorgar a Grace un viaje terapéutico hasta el descubrimiento de la verdad, que le permitirá asumir su culpa y pedir perdón a sus hijos.

La coherencia estética de la propuesta parte de que, aunque la mujer no sea consciente de que están todos muertos hasta el final, el autor sí nos está diciendo la verdad desde las primeras escenas. Ya en el plano inicial de ella, nos está mostrando el momento en el que Grace recuerda el horror que cometió, aunque, como todavía no está preparada, su mente prefiere fabricar la ilusión de que todo ha sido una pesadilla. Sin embargo, el grito atroz que abre la película encaja perfectamente con el traumático descubrimiento que hará en el clímax. Asimismo, se incluyen en la escena otros dos elementos de lo más reveladores, por mucho que no seamos capaces aún de descodificarlos. Se nos enseña nada menos que el arma del crimen: la almohada sobre la que descansa la cabeza de Grace al despertar y que es con la que ha asfixiado a sus hijos antes de suicidarse. Es decir, se nos explica el *cómo lo hizo* y de una manera mucho más sutil, el *por qué lo hizo,* a través del detalle del reloj de pulsera que consulta en esta primera escena y en otras muchas más de la película. Porque, según descubriremos, Grace se ha vuelto loca, entre otras cosas, por el lento paso del tiempo en una casa de la que no podía salir a causa de la enfermedad de sus hijos, y de la que su marido había huido, dejándola sola.

Para terminar, en el primer diálogo de la película la criada dice que «todos están muertos», con lo que la película se atreve a avanzarnos nada más y nada menos que el titular de su *high concept*.

Como vemos, tales pistas se ocultan en una capa de lectura, que aún resulta indescifrable para el público, pero que, cuando llegamos al final o cuando vemos el filme por segunda vez, se hace perfectamente visible.

Este tipo de utilización del subtexto con carácter retroactivo tiene sus peligros y se ha de ser muy cuidadoso al usarlo, ya que si el contenido oculto se hiciera evidente en una primera lectura, se arruinaría el efecto de sorpresa que ha de contener la revelación final. Pero la colocación de las pistas ha de formar parte rigurosa del programa expositivo, porque solo así evitaremos que la hipotética crítica al efectismo de un «guion tramposo» no se sostenga. En definitiva, la segunda visión del filme ha de demostrar que la película siempre había expresado, en sus texturas audiovisuales, la verdad y nada más que la verdad.

En el caso de *Los otros* hay un trabajo muy concienzudo sobre este mecanismo en casi todas las escenas de la película. Es de agradecer, por ello, que un filme basado en la ocultación de una información tan importante, proporcione a los espectadores herramientas suficientes para sentir que era la protagonista quien se engañaba a sí misma y no el guionista quién los engañaba a ellos.

Por otro lado, el subtexto del que estamos hablando está sustentado sobre una base que muchas veces huye de lo narrativo para acercarse a lo poético, un territorio donde el guionista puede llegar a ser tremendamente claro respecto a lo que quiere explicar, sin arruinar el suspense narrativo de su historia, gracias a la falta de literalidad semántica que pondrá en juego con dichos recursos.

Miedo a la luz

Hay una escena de *Los otros* que ejemplifica perfectamente lo anterior. En el minuto 32 de película tiene lugar la primera secuencia de terror que vemos desde el punto de vista de la protagonista. Hasta ese momento y a pesar de los fenómenos inexplicables que han ido sucediendo durante todo el primer acto de presentación, Grace se ha mostrado completamente escéptica respecto a la existencia de fantasmas en la casa e, incluso, ha castigado severamente a su hija por afirmar que ella los ha visto. Cuando la situación se hace cada vez más insostenible, Grace acaba inspeccionando la habitación de donde provienen unos ruidos extraños y descubre por sí misma, y con ella el público, que sí que hay alguna presencia sobrenatural en la casa.

Desde un punto de vista de intención dramática, no distinguimos ningún elemento especialmente destacable. El objetivo de la escena es que una protagonista escéptica sienta el miedo de enfrentarse a algo inexplicable en sus propias carnes, se dé cuenta finalmente de que necesita luchar contra algo concreto, y arranque así el segundo acto de la película, en el que Grace adoptará diferentes estrategias para librarse de los fantasmas que, supuestamente, acechan su casa. La acción que traduce visualmente este proceso es prototípica del cine de terror: vemos a la protagonista manifestar su progresivo miedo a medida que escucha los susurros, que crecen en intensidad y volumen. Si, además, el momento va acompañado de una música inquietante y está filmado con una cámara pegada al cogote de la protagonista, el impacto emocional que se persigue está más que garantizado, tal y como ocurre también en este caso.

Con todo, lo más interesante de la escena es que, en sí misma, resume el arco de transformación completo de la protagonista, cuando aún falta más de una hora para que acabe el relato. En principio, lo que el espectador ve es, simplemente, cómo Grace presencia, por primera vez, un efecto *poltergeist*. Ese es el texto visible de la escena, pero en la capa del subtexto, el público está recibiendo mucha más información, a través de la elección de una serie de elementos visuales cargados de un gran poder semántico.

El primero de ellos es el propio espacio. Amenábar nos mantiene en la penumbra durante todo el primer acto de la película. Debido a la fotosensibilidad que padecen sus hijos, Grace conserva la casa a oscuras todo el día, pero el trastero donde se ve obligada a entrar no tiene cortinas y, cuando abre la puerta, una potente luz blanca entra en la historia por primera vez. A primera vista, sorprende la decisión de Amenábar de ambientar su primera gran escena de terror en un lugar luminoso en vez de, como mandan los cánones, en uno oscuro y tenebroso. Una de las claves de *Los otros* es que somos guiados por la ficción a través de los ojos de la protagonista, ya que la trama es indivisible de la evolución de su saber a lo largo de la historia. Y a lo que más teme Grace es a la luz, no a la oscuridad. La luz es la que puede acabar con la vida de sus hijos, pero también es donde se esconde la trágica verdad que se resiste a descubrir.

Además de la oportuna aparición de la luz en la historia, Amenábar recurre a un elemento decorativo, absolutamente naturalista, que también aporta un segundo nivel de lectura: las numerosas sábanas blancas que cubren los muebles almacenados en el trastero. La asociación, a poco que se piense, resulta clara. En nuestro imaginario colectivo, los fantasmas son representados como seres incorpóreos que se cubren de sábanas blancas para hacerse visibles ante los humanos. Este elemento tan simple resulta tremendamente efectivo en una escena en la que la protagonista se enfrenta al miedo de aceptar la existencia de algo en lo que nunca ha creído, porque su profunda fe católica, bien dramatizada en todo el primer acto de la película, se lo ha impedido hasta entonces.

Y esto nos lleva al tercer elemento destacable de la escena. Grace, rodeada de sábanas blancas y acechada por unos susurros cada vez más fuertes, reacciona destapando los objetos que la rodean, en un gesto con el que parece querer desenmascarar al mito para aferrarse a la realidad. Debajo de las sábanas no hay seres transparentes, sino muebles antiguos, pero resulta significativo que lo que oculta la primera de las telas que retira es una talla religiosa, que la apunta con su mano. No un perchero, ni un armario, como sucede más adelante, sino una Virgen, que viene a recordarnos, en ese momento tan crucial, que el principal impedimento para poder llegar a conquistar la verdad son las fuertes convicciones religiosas de la protagonista.

Y, finalmente, llegamos al elemento más relevante de la escena: el espejo. El último mueble que Grace destapa es un ropero con un espejo central en el que descubre su rostro por sorpresa y se queda parada durante un breve instante, en el que, en un segundo visionado, podríamos llegar a pensar que está intuyendo esa verdad que se niega a aceptar: que no está rodeada de fantasmas, sino que ella misma es un espíritu. Tras ese momento en el que la mujer parece descubrir que la clave del misterio está en ella misma, en seguida reenfoca su mirada, al darse cuenta de que la puerta que había cerrado al entrar en el trastero se ha abierto sola. Se da la vuelta y sale de la habitación, convencida todavía de que necesita la intervención de la Iglesia para acabar con los hechos inexplicables de los que acaba de ser testigo.

Podríamos decir que *Los otros* es un viaje de la oscuridad a la luz, del autoengaño a la aceptación de la verdad, que no está en ningún otro lugar más que en nuestro propio interior, pero a la que nunca podremos llegar, si no renunciamos o, al menos, cuestionamos, ciertos paradigmas ideológicos preestablecidos y heredados.

Una vez finalizada la película, cualquier espectador puede llegar a entender que esto es de lo que nos está hablando Amenábar a través de la propia resolución de la trama. Sin embargo, como hemos podido ver, el director guionista nos lo ha revelado mucho antes. La habilidad de Amenábar, en este caso, consiste en introducir todo el subtexto en un momento dramáticamente muy importante dentro de la historia, ya que la escena descrita, además de constituir el primer momento de terror del filme, también funciona como primer punto de giro dentro de la estructura. El público, pendiente de muchas variables a la vez, no llega a la verdad cifrada en las imágenes, del mismo modo que tampoco es capaz de atisbarla la protagonista.

La segunda capa de lectura pasa, de momento, desapercibida, pero más tarde ayudará a que todas las piezas encajen en la capa más visible, en la puramente narrativa. Gracias al uso de este tipo de subtexto, el texto podrá ser menos obvio y literal. Sobrarán palabras, porque el espectador, de manera inconsciente, habrá ido acumulando imágenes llenas de carga semántica durante la visión de la película o la lectura del guion.

Por otro lado, el uso de este tipo de subtexto favorece el placer del segundo, tercer... visionado. Una buena película es aquella en la que el Cómo se pone a la altura del Qué y el hecho de conocer el argumento no es un impedimento para seguir disfrutándola, sino un aliciente para continuar profundizando en él a través de la lectura de aquellas señales ocultas que ahora somos capaces de ver.

Capítulo VII
Cómo cortar la piel sin que salga sangre
Transiciones y elipsis poética

El filo de la navaja

El cine es sinónimo de movimiento y eso lo convierte en el arte del tiempo por excelencia. Podemos ralentizarlo, acelerarlo, congelarlo, comprimir años en segundos o transformar segundos en minutos. Podemos viajar al futuro o regresar al pasado con un simple parpadeo. Las posibilidades del lenguaje audiovisual para manipular el tiempo son infinitas.

Dicho esto, lo más habitual es que, dentro de una escena, el tiempo fílmico sea igual al tiempo real; a menos que la imagen sea manipulada mediante aceleración, cámara lenta, o un tipo de montaje radicalmente discontinuo, si una escena dura en la ficción dos minutos, pasan realmente dos minutos en el tiempo paralelo de la proyección. De todas maneras, resulta poco corriente —recordemos excepcionalmente casos como *La soga*[2] de Hitchcock o *Sábado*[3] de Matías

---

2/ *La soga [Rope / Festín diabólico]*. 1948. Dirección: Alfred Hitchcock. Guion: Ben Hecht y Arthur Laurents.
3/ *Sábado*. 2002. Dirección: Matías Bize. Guion: Julio Rojas y Paula Fierro.

Bize—, que un largometraje suceda escrupulosamente a tiempo real. Normalmente, el tiempo de una historia se comprime mediante la utilización de la elipsis, un recurso narrativo que nos permite ir seleccionando los momentos dramáticamente más interesantes y prescindiendo de todos aquellos que no aportan nada al relato. El espectador está completamente habituado a esta selección natural de información en función de su relevancia dramática y no echa en falta los «huecos» omitidos. Entiende que el «corte» derivado de la elipsis es algo innato al lenguaje audiovisual.

Por ello, es tan importante que un guionista sopese lo que debe entrar o no en su historia, que sepa hacer esos cortes naturales necesarios para otorgar ritmo y agilidad a su relato. Y dominar el recurso natural de la elipsis está estrechamente ligado a la búsqueda de las mejores transiciones entre una escena y otra.

Unas veces, el objetivo consiste en que el corte de la línea natural del tiempo no se note o, dicho de otra manera, que el espectador sea capaz de imaginar, en un ejercicio inconsciente y muy rápido, la cadena de acontecimientos que ha tenido lugar entre la última escena que ha visto y la que ahora se le presenta. Por ejemplo, si un personaje se despierta en su cama y en la siguiente escena está desayunando con el pelo mojado, deducimos sin ningún esfuerzo que, entre medio, ha tomado una ducha.

Otras veces, por el contrario, lo que un autor busca es que ese corte se note, que el espectador tenga problemas para situarse en el nuevo escenario temporal, porque la continuidad narrativa se ha roto bruscamente. Si mostramos una escena de dos amantes que se confiesan su amor mutuo apasionadamente y, en la siguiente escena, vemos como uno de ellos asesina al otro, provocaremos que, inmediatamente, nazca en el espectador la necesidad de saber qué ha pasado en medio de esos dos momentos, pues la ley de la causalidad se habrá roto: si alguien quiere a alguien, no lo mata y si lo hace, tiene que haber una razón muy poderosa. Así, logramos que una lista enorme de preguntas se acumule en la mente del espectador, que necesite obtener respuestas o, lo que es lo mismo, seguir viendo la película o leyendo el guion.

El tiempo en sus manos

Hace ya unos años que Pedro Almodóvar basa la estructura de casi todos sus guiones en el suspense que provoca la fragmentación y desorden temporal de sus historias. Rara vez empieza a explicarlas por el principio; salta del presente al pasado y viceversa a través de elipsis temporales, convertidas ya en una marca reconocible dentro de su sello personal. Carteles de «dos meses antes», «cuatro meses después»... se hacen omnipresentes en la pantalla en muchas de sus películas.

A través de ellas, podemos deducir que, para Almodóvar, la influencia del paso del tiempo en nuestras vidas es absolutamente determinante. Las huellas del pasado y la acumulación de los años son dos elementos dramáticos con mucho peso en sus argumentos y, por ello, requieren de un gran dominio del uso de las elipsis temporales y las transiciones.

Una de sus obras más sofisticadas y logradas en este sentido es *Hable con ella,* la emocionante historia de amistad entre Benigno, un enfermero vocacional que lleva su amor por una de sus pacientes, Alicia, a límites más allá de la cordura y Marco, un escritor que vela día y noche a su novia torera, que permanece en coma en el mismo centro donde trabaja el primero.

La compleja estructura del relato se basa en constantes saltos en el tiempo y en la alternancia de distintos puntos de vista. Sin embargo, cuando el director guionista trocea tanto la línea temporal, no persigue «marear la perdiz» o generar un suspense gratuito. Lo que busca es ordenar la información de tal manera que el espectador pueda empatizar con sus personajes, antes de juzgarlos en función de unas nociones preconcebidas sobre los límites entre el Bien y el Mal o la Cordura y la Locura.

El personaje de Benigno, el protagonista, es una actualización muy personal y disimulada del Norman Bates de *Psicosis*.[4] Desde que era un niño, se dedicó

4/ *Psicosis [Psycho].* 1960. Dirección: Alfred Hitchcock. Guion: Joseph Stefano.

en cuerpo y alma al cuidado de su madre enferma, aislándose socialmente de su entorno durante veinte años. Esta falta de experiencia socializadora ha distorsionado notablemente su percepción de las relaciones humanas, cuyo código interpreta de una manera muy particular. Tan particular que, poco a poco, y a través de pequeños detalles, vamos descubriendo que muestra síntomas de locura.

No obstante, cuando comienza la película, y durante gran parte de ella, Almodóvar solo nos enseña a un personaje que hace honor a su significativo nombre: Benigno. El primer plano que vemos de él es el de un hombre que es capaz de percibir la caída de una lágrima furtiva por el rostro del espectador sentado a su lado durante el espectáculo de danza que ambos están viendo. Acto seguido, vemos como le explica con pelos y señales el espectáculo a Alicia, su paciente en coma. Benigno la trata con sumo mimo y cariño. Entendemos que tiene una relación personal con su paciente que va más allá de la pura profesionalidad, pero no sospechamos de su «bondad». Almodóvar le dice al público desde el principio que Benigno está «loco» al pensar que ella puede enterarse de todo lo que le cuenta, pero sabe que el espectador aceptará esa locura como un valor positivo.

Solo cuando el autor corta el relato del presente para llevarnos al pasado y mostrarnos cómo Benigno estaba obsesionado con Alicia antes de que ella tuviera el accidente que la dejó en coma, comenzamos a «sospechar» de su entrega desinteresada. Sin embargo, aún cuando volvemos de ese *flashback* y entendemos el porqué de su sacrificio por ella, no dejamos de estar con él, porque tenemos claro que daría su vida por Alicia, aunque su verdadero deseo sea convertirla en su esposa, independientemente de que sea una estatua viviente y no pueda pronunciar el «sí, quiero».

La distorsión del protagonista a la hora de percibir la realidad —su locura— se hace, pues, más que evidente, pero el espectador no lo abandona. El problema viene cuando Almodóvar tiene que afrontar la dramatización de un acto de Benigno que, a pesar de seguir siendo fruto de su amor por ella, es, moralmente, condenable: la violación de Alicia.

El público nunca habría seguido a su lado si Almodóvar hubiese mostrado abiertamente la escena en la que Benigno viola a una mujer en coma, absolutamente indefensa. En ese momento, la empatía del espectador hacia él se habría desvanecido al instante. No obstante, Almodóvar necesitaba incluir ese acontecimiento en la trama, ya que acaba condicionando de manera absoluta el posterior desarrollo de los hechos: Alicia se queda embarazada y la imprevista gestación promueve su despertar, después de cuatro años en coma. La cuestión clave, en este punto del trabajo del guionista, era cómo dramatizar la violación sin generar un rechazo moral del público hacia su protagonista.

Una opción habría sido recurrir a una elipsis abrupta y descubrir, más tarde y por sorpresa, la información, pero habría resultado un movimiento tramposo. Se habría notado demasiado la necesidad del autor de proteger a su personaje y, de pronto, Almodóvar se habría convertido en «cómplice del delito».

Como vemos, la tarea no era nada fácil, pero el creador de *Hable con ella* encontró una manera brillante de narrar el acto de la violación, llevando la técnica de la elipsis y la transición al prolífico terreno de lo poético.

Además de ver espectáculos de danza, Benigno va a la filmoteca a ver películas mudas, porque era una de las actividades favoritas de Alicia antes del accidente. Es así como Almodóvar nos muestra en una escena al enfermero frente al cartel de «Amante menguante», un filme «ficticio» ideado por el director, pero inspirado en el clásico de los cincuenta, *El increíble hombre menguante*.[5] Se produce una elipsis por corte y Benigno está en la habitación de Alicia explicándole cómo la película le ha dejado un poco «trastornado». Le anuncia que le hará un masaje, mientras comienza a explicarle el argumento del filme:

```
Un hombre prueba la fórmula de un nue-
vo medicamento para adelgazar en la que
está trabajando su mujer, que es cien-
```

5/ *El increíble hombre menguante [The Incredible Shrinking Man]*. 1957. Dirección: Jack Arnold. Guion: Richard Matheson.

tífica. Ella tiene miedo de las consecuencias, porque aún no lo ha testado
con ningún ser humano, pero él acaba
arrebatándole el frasco y bebiendo la
pócima. Las consecuencias negativas no
tardan en aparecer: el hombre comienza
a menguar poco a poco, hasta que se convierte en un humano minúsculo que cabe
en la palma de una mano. La científica
lucha contra el tiempo para encontrar
el antídoto antes de que él desaparezca
completamente. En un momento en el que
ella se queda dormida, el marido reco-
rre su cuerpo hasta que llega al pubis
de ella y lo acaricia. Ella se estremece
de placer. El hombre, sabedor de su inminente final, decide introducirse en su
vagina y perderse en ella.

La historia del «Amante menguante» se explica a
través de la visualización de extractos de la película muda, intertítulos explicativos y la voz «en off»
de Benigno que va haciéndole el resumen a Alicia,
mientras, en montaje paralelo, vemos cómo él mismo se va excitando ante el cuerpo desnudo de su
paciente.

Cuando el protagonista de la película muda se introduce en la vagina gigante que ocupa la pantalla,
volvemos a la habitación de Alicia, donde Benigno
está masajeando sus muslos, mientras pronuncia, claramente alterado, las siguientes palabras: «Y se queda
dentro de ella para siempre».

A continuación, vemos como unas gotas de líquido rojo se juntan y acto seguido, se imprime el rótulo: «Un mes después».

Como podemos comprobar, a pesar de que Almodóvar evita magistralmente la visualización literal del propio acto de la violación, no nos escamotea el momento en el que Benigno cruza esa frontera moral. Corta justo antes de que veamos cómo él mismo se introduce en la vagina de Alicia, pero al mostrar previamente la «penetración» final del «Amante menguante», no deja lugar a dudas sobre lo que ha hecho con ella.

Lo interesante es que Almodóvar recurre a una imagen simbólica que evidencia el propio acto de la violación: un hombre entra literalmente en la vagina de una mujer. Lo que ocurre es que el contexto en el que sucede dicha acción es el de una historia de amor al límite, en el que un hombre totalmente inofensivo, debido a su tamaño minúsculo, decide extinguirse en el interior de aquello que más quiere en el mundo: su mujer. Es así como la violencia del acto se diluye, gracias al contenido poético del final de la película muda, y aunque la información haya sido volcada en el público, se ha recibido exenta de su connotación negativa.

Pocos minutos más tarde, se descubrirá el crimen de Benigno, y este, juzgado penalmente por él, acabará en la cárcel. Benigno obtendrá, pues, el castigo que la sociedad determina que merece, así como el diagnóstico oficial de «psicópata». A pesar de ello, el público sigue estando con él, porque aunque censure el acto de la violación, entiende que no ha sido fruto del deseo de dominio y humillación de otra persona, sino que se ha desarrollado como un acto de amor, equivocado, por supuesto, pero tan lleno de ternura como el resto de movimientos que Benigno ha dedicado a Alicia a lo largo de la película. Gracias a esta brillante y original elipsis, Almodóvar, no solo consigue un momento cinematográfico inolvidable e insólito, sino que salva el objetivo primordial de preservar la empatía del espectador hacia su protagonista, garantizando así la efectividad del último tercio del filme. El suicidio final de Benigno ante la imposibilidad de vivir en un mundo sin Alicia acaba convirtiéndose en el clímax emocional de un relato que necesita de la empatía con su extraño antihéroe para convertir en sublime su desenlace trágico. Y esta empatía se ha preservado, a pesar del instante de la violación, gracias a una elipsis que ha servido para mucho más que para la simple evocación del paso del tiempo.

Soy consciente de que el ejemplo analizado resulta, por el esfuerzo de producción que exige (nada menos que la filmación de un cortometraje paralelo) poco aplicable a guiones más modestos. No obstante, precisamente, por su carácter tan extremo, nos sirve para mostrar con suma claridad un concepto básico ligado al uso *estándar* de una elipsis de este tipo: es tan importante lo que decidimos meter en nuestro guion, como aquello que, conscientemente, optamos por dejar fuera.

Normalmente, estamos tan preocupados por recopilar todas las escenas necesarias para explicar nuestra historia, que olvidamos hasta qué punto la ocultación de algunas de ellas podría ayudarnos a intensificar las que mostramos. Un puzle acabado deja de ser un enigma para convertirse en un cuadro cuarteado. La falta de piezas, en cambio, mantiene alto el interés del espectador que aún siente la necesidad de recomponer la estampa completa. Mientras esté entretenido intentando rellenar los huecos que quedan, su implicación con la historia estará garantizada.

Asimismo, la ocultación no solo ayuda a mantener el suspense, sino que puede obligarnos a proponer alternativas metafóricas a la visualización de ciertas acciones que nuestro relato necesita contener, pero que no conviene mostrar, si queremos asegurar la complicidad del público con nuestros personajes hasta el final.

El ejemplo anterior también nos sirve para destacar la atención que siempre deberíamos prestar a las transiciones entre escenas. Las gotas de líquido rojo fusionándose antes de dar paso al cartel de «un mes después» nos acaban de confirmar ese acto «en off», que nunca llegamos a ver, a través de una imagen plácida, pero ciertamente reveladora. Las gotas fundiéndose corresponden visualmente al interior de una moderna lámpara que Alicia tiene en su habitación, pero evocan la fusión de células que acaba conformando una nueva vida en su cuerpo. En un primer visionado esta metáfora no es perceptible del todo y quizás pueda parecer una imagen gratuita o puramente esteticista, pero cuando descubrimos el embarazo de la paciente, adquiere su verdadero significado.

A menudo, olvidamos que los momentos de engarce pueden establecer lazos interesantes entre el contenido dramático y visual de dos escenas correlativas, ya sea para completar su significado o para contradecirlo. Por eso, conviene plantearse siempre cuál es el final de una escena y su conexión con el principio de la siguiente. ¿Podemos ligarlos de alguna manera significativa que nos sirva para algo más que para hacer que la historia continúe? ¿Somos capaces de generar alguna asociación visual que genere ironía, contraste o sorpresa?

De nuevo, de lo que se trata es de aprovechar todas las herramientas a nuestro alcance para sacar el máximo partido a la capacidad expresiva del propio lenguaje cinematográfico, que, entre otras cosas, se sustenta, como ningún otro, en el arte del montaje y los juegos entre continuidad y discontinuidad que este conlleva.

Capítulo VIII
Cómo resucitar a un muerto
Flashback *vs.* Evocación

Proyecciones del pasado

Cuando un personaje está bien construido, las huellas impresas que deja en la superficie del mundo físico que ha habitado no se borran fácilmente, aunque dicho personaje desaparezca de la historia por un lapso de tiempo determinado o, en ocasiones, para siempre.

La ausencia de alguien amado suele ser un ingrediente argumental que genera un conflicto dramático potente en aquel que espera la vuelta o que sufre el duelo de la pérdida definitiva. La manera de dramatizar ese conflicto suele centrarse en la evocación de la figura del ausente. Evocar implica recordar, y los recuerdos cinematográficos encuentran en el *flashback* un aliado perfecto para hacerse visibles ante el espectador. Sin embargo, este recurso narrativo resulta muy a menudo demasiado obvio, cuando no existe una intención dramática más allá de la pura ilustración de un recuerdo. En esos casos, la vuelta al pasado no aporta a la historia datos nuevos que trastoquen la ruta de la trama o que nos descubran alguna cara oculta de los personajes.

Por otro lado, si realmente hemos logrado que nuestros personajes dejen huella, no tiene por qué ser necesario cambiar de tiempo para viajar al pasado, porque solo con contemplar esas señales que han dejado en el espacio dramático de nuestra historia, podremos evocar y recordar su personalidad, sus gestos, sus diálogos y hasta sus sueños.

Sembrar para recoger

Claro está que para recoger tan fructífera cosecha, tenemos que sembrar muy bien el terreno. Debemos plantar semillas en la tierra de nuestro relato antes de que la ausencia de alguien se apodere de él. Cuando lo haga, los frutos ya serán visibles y solo tendremos que recogerlos con habilidad en el momento dramático preciso.

La versión de *Ha nacido una estrella* dirigida por George Cukor en 1957 contiene uno de esos momentos en los que la evocación del personaje desaparecido es tan potente, que creemos volver a verlo en la pantalla, al menos, por un segundo. Este grandioso melodrama musical, protagonizado por James Mason y Judy Garland, narra la historia de Norman Maine, un famoso actor adicto al alcohol, que conoce a Esther, una joven cantante de gran talento. Su primer encuentro se produce del siguiente modo:

El veterano actor, notablemente borracho, se cuela en el escenario de un teatro, justo cuando ella, una actriz primeriza, está interpretando una canción. La ebriedad del hombre está a punto de ponerlo en ridículo frente a todos sus fans, pero la joven improvisa y hace creer al auditorio que la inesperada interrupción forma parte del show. Acabada la función, ella se está pintando los labios frente a un espejo entre bambalinas, cuando el célebre actor aparece y le da las gracias efusivamente. Aún está bajo los efectos del alcohol y tal es su ímpetu, que no duda en robarle la barra de labios y ponerse a dibujar en la pared un corazón atravesado por una flecha con las iniciales de ambos «para conmemorar el día en el que Esther Blogett salvó a Norman Maine».

A partir de ese momento, el protagonista masculino de *Ha nacido una estrella* decide impulsar la carrera de la joven hasta convertirla en una estrella de Hollywood y también en su mujer. Pero a medida que el éxito de Esther aumenta, decae el de Norman, y esta situación lo empuja a la autodestrucción. Esther, que no ha dejado de quererlo, decide abandonar su carrera y dedicarse a cuidarlo, pero cuando él se entera del sacrificio que su esposa está a punto de hacer, se suicida. La muerte de Norman suscita en su viuda una crisis que, de entrada, le impide seguir actuando, hasta que un amigo le hace entender que solo si vuelve a los escenarios, el suicido de su marido habrá tenido sentido. Como mandan los cánones, el retorno de la estrella tiene lugar en el mismo teatro donde conoció a su marido:

> Cuando Esther está a punto de salir a escena, descubre en la pared del pasillo el corazón de carmín que él pintó el día que se conocieron. A pesar de que llega tarde a su cita con el público, no puede evitar contemplarlo y, conmovida, sigue con su dedo índice las letras de las iniciales de sus nombres. Finalmente, cuando consigue llegar al escenario, en el momento en que un presentador estaba ya anunciando la ausencia de la estrella debido al luto por su marido, se planta ante el micrófono con la voz entrecortada para decir, orgullosa: «Soy la mujer de Norman Maine», justo antes de recibir una gran ovación.

De los muchos elementos que hacen de este final un clímax potente, la recurrencia a comenzar y acabar la historia en el mismo espacio puede parecer un truco fácil, pero los matices que provoca el contraste entre ambas situaciones realzan la inteligencia de dicho planteamiento. La primera vez, él era la estrella; en el retorno, lo es ella. Al volver al mismo sitio, no solo viajamos atrás en el tiempo, sino que ratificamos visualmente, en un solo espacio que contiene presente y pasado, el recorrido paradójico que han hecho juntos.

El filme de Cukor superpone a este proceso irreversible de intercambio de estrellas en el firmamento de Hollywood, una historia de amor *bigger than life*. Y escribir el clímax de un drama romántico sin uno de los dos amantes en escena no es un reto fácil. Como predican con justicia todos los manuales de guion, el clímax de cualquier película supone el momento en el que las grandes preguntas lanzadas desde el planteamiento encuentran una condensada solución que aspira a poseer una particular temperatura dramática. En las grandes historias de amor que el cine ha universalizado, ese clímax pasa normalmente por la reunión de la pareja, sea como recompensa a las muchas penurias que han dificultado su reencuentro, sea como plataforma para una emotiva despedida, en la línea de *Casablanca*,[6] sea, porque uno de los dos muera en brazos de otro, como en *El último refugio*,[7] o porque ambos mueran a la vez, como en *Duelo al sol*.[8] Pero en el caso singular de *Ha nacido una estrella,* la muerte del marido no es el clímax de la historia. La resolución de la trama se produce solo en el momento en el que ella se proclama, ante sus

6/ *Casablanca.* 1942. Dirección: Michael Curtiz. Guion: Julius J. Epstein, Philip G. Epstein, Howard Koch y Casey Robinson (sin créditos).
7/ *El último refugio [High Sierra].* 1941. Dirección: Raoul Walsh. Guion: John Huston, W.R. Burnett.
8/ *Duelo al sol [Duel in the Sun].* 1946 Dirección: King Vidor. Guion: Oliver H.P. Garrett y David O. Selznick.

fans, como viuda oficial de Norman Maine. Es decir, el clímax verdadero solo llega en el instante en el que la fuerza del amor se impone al éxito profesional.

Y para que ese final tenga la potencia suficiente, el espectador necesita volver a revivir la esencia de esa unión tan especial. El detalle del corazón que años antes él pintó en la pared cumple dicha función. En ese momento, no solo Esther «recupera» a su marido por un instante, sino que el público rememora con ella el comienzo de su existencia juntos. Y recuerda no solo las circunstancias de aquel primer encuentro, sino también la arrolladora personalidad de alguien capaz de plantar la estampa de un corazón ante la joven que acaba de conocer, y la carismática combinación de creatividad y furia autodestructiva de la que ya aquella primera escena nos había advertido. El plano de Esther ante la pared con el viejo corazón pintado dura escasos segundos, pero son suficientes para provocar un gran impacto emocional. Cuando ella posa el dedo sobre las iniciales de su nombre, está acariciando, en verdad, a ese personaje inolvidable que ya no puede estar «de cuerpo presente» dentro de la escena, pero cuyo contorno invisible somos capaces de ver con total nitidez.

Ocultar para descubrir

El mérito de la resurrección de Norman Maine es más que notable, pero al haber estado físicamente presente en la pantalla durante casi todo el relato, las posibilidades de dejar sus huellas impresas en el universo físico de la narración eran abundantes. No obstante, un personaje que solo ha sido visto escasos minutos al inicio de un filme puede también devenir rector emocional de la trama e incitar recursos parecidos para su obligada recuperación. *Nubes dispersas,* la última obra rodada por el maestro japonés Mikio Naruse y escrita por Nobuo Yamada, es un ejemplo perfecto de esta nueva posibilidad.

El filme explica la historia de Yumiko, una joven cuyo marido muere atropellado accidentalmente. El conductor del coche, Mishima, es declarado inocente, pero su conciencia lo atormenta y ofrece ayuda económica a la viuda. El rencor de ella y la culpa de él acaban transformándose en un sentimiento de amor mutuo, que ninguno de los dos puede evitar. Tras un intenso y conflictivo tira y afloja, deciden culminar su deseo sostenido en una memorable secuencia, muy cercana al final:

La pareja se dirige en taxi a un hotel.
El trayecto se hace eterno. Un largo
tren de mercancías los obliga a pararse en un paso a nivel y más tarde, se
encuentran los restos de un coche accidentado empotrado contra un árbol. La
mirada de ambos se nubla por un instante. El taxi llega a su destino y,
al encontrarse solos en la habitación,
la tensión del deseo contenido duran-

> te tanto tiempo se desata y acaban be-
> sándose apasionadamente. De pronto, se
> escuchan unas sirenas. Se asoman a la
> ventana y ven llegar una ambulancia y un
> par de coches de policía. De la entrada
> del hotel sacan en camilla a la víctima
> del accidente cuyos efectos han visto
> minutos antes. Junto al hombre moribun-
> do, una mujer llora desconsoladamente,
> esperándose lo peor. Ambos entran en la
> ambulancia, que arranca y desaparece.
> La protagonista retira la mirada y se
> aleja de su amante, llorando.

La visión de la escena anterior evoca en Yumiko y en el público el momento en el que la vida de ella se partió en dos, cuando perdió a su marido. Ahora ya no puede seguir adelante con lo que estaba a punto de hacer, y todo el suspense creado fruto de su deseo contenido se rompe al constatar que jamás será consumado del todo.

Hay que advertir, de entrada, que la película no contiene la presumible escena homóloga que hubiera mostrado a la protagonista con su marido moribun-do al inicio del filme, por lo que el sembrado resulta mucho más sutil que en el ejemplo anterior de *Ha nacido una estrella*. El efecto es el mismo: la irreversi-ble resurrección del marido que, en este caso, vuelve para impedir la consumación del nuevo amor surgi-do del dolor y la culpa.

A priori, podríamos pensar que quizás se habría conseguido un impacto emocional mayor si se hubiese mostrado previamente la escena en la que la protagonista lloraba a su marido moribundo. Sin embargo, su ocultación contribuye a densificar este intenso momento dramático, ya que nos permite ver, tanto a nosotros como al protagonista masculino, ese desgarro inicial que la película nos había ocultado hasta entonces. La visualización, por primera vez, del trágico detonante de la historia, aunque sea a través de la proyección del dolor de otra viuda inminente, sirve para ensalzar la fuerza del recuerdo traumático en la mente de ella. El efecto que se consigue es el mismo que si la mujer cerrara los ojos, lo besara y al hacerlo, se superpusiera un *flashback* con el recuerdo. La diferencia está en el sutil camino recorrido para llegar al mismo sitio.

El *flashback* habría sido, sin duda, el procedimiento más directo, pero también el más literal. Además de ilustrativo, habríamos tenido la sensación de que el narrador se sacaba un as de la manga en el momento preciso; la protagonista revive el instante del horror, justo cuando el autor necesita impedir la consumación de su relación. La construcción de la secuencia analizada resulta, en cambio, mucho más sugerente y sutil, porque el recuerdo imborrable de ella emerge del mundo físico que los rodea.

De esta manera, la historia encuentra ese último gran obstáculo, tan necesario, en su propio universo dramático para llegar a la temida ruptura definitiva, pero sin necesidad de recurrir al *flashback*.

Como decíamos al principio del capítulo, no hay que renunciar al uso de este procedimiento cuando nos permita otorgar a la historia un punto de vista que no sería posible de otro modo, pero también debe esquivarse siempre que podamos evocar sin necesidad de rebobinar, porque cuanto menos visible sea la mano del narrador en momentos climáticos como este, más fácil será lograr que la pista de la emoción prevalezca sobre la de la razón.

Aunque cada vez estemos más habituados a ver películas en las que la intervención de sus autores es muy visible a través de estructuras cada vez más complejas y de juegos metalingüísticos varios, incluso las narraciones más sofisticadas suelen optar por la transparencia en los momentos que requieren de una alta implicación emocional del espectador.

Capítulo IX
Cómo acariciar por dentro
La estructura musical

Música celestial

Se ha hablado siempre del cine como una gran fábrica de emociones. No existen fórmulas mágicas para activarlas pero, una vez más, podemos estar convencidos de que no será tanto la mera concatenación de los hechos como la conjugación de oportunos recursos audiovisuales la que provocará dicho efecto melodramático. El lenguaje del cine es extremadamente sensorial y es por ello que muchas de las películas que mejor logran transmitir sus mensajes y que más nos hacen reflexionar, son también aquellas que con más sabiduría trabajan el canal de la emoción.

Sin embargo, hay muchas películas y más guiones aún, que nos dejan completamente fríos. Hay veces que una película puede suplir esta carencia a través de un buen diseño de sonido y de una banda sonora efectiva. Basta con subir la música a tope en la escena de una despedida, o con introducir el chirrido de una puerta en una de terror para que, sin quererlo, el espectador pueda acabar soltando una lágrima o un grito, aunque se traten solo de respuestas mecánicas a ciertos estímulos sensoriales y las historias no tengan ni pies ni cabeza. Pero cuando leemos un guion, no hay una banda sonora que redima sus deficiencias dramáticas y narrativas y, por ello, necesitamos trabajar sobre papel ciertos elementos que nos garanticen la consecución de un mínimo impacto emocional.

Muchos guionistas confían demasiado en las palabras pronunciadas por sus personajes para lograr ese plus de emoción. Llenan sus trabajos de frases rimbombantes y sonoras, que no logran su objetivo por su falta de conexión con las imágenes que las acompañan o que las han precedido. Los diálogos, como la letra de una canción, pueden ayudarnos a tocar la fibra más sensible del espectador, pero la letra ha de ir acompasada con la melodía. Una buena réplica en una película no es aquella que suena mejor, sino la que logra armonizarse con las acciones de los personajes y con el universo visual presentado. El objetivo máximo es que, en todo caso, nuestros diálogos evoquen imágenes y, sobre todo, que los elementos visuales de los que nos rodeemos suplan cualquier necesidad de palabras.

Para conseguir lo anterior, necesitamos contemplar un guion como si fuera una partitura musical, en la que las partes tienen una relación indisociable con la composición completa. Una sola nota del compás número tres puede ser la clave para alcanzar la máxima potencia emotiva en el compás número ochenta.

Una melodía inolvidable

Si hiciéramos una encuesta sobre cuáles son los finales más emocionantes de la Historia del Cine, seguro que entre los primeros puestos se encontraría la última escena de *Tú y yo* de Leo McCarey, especialmente en su sofisticada versión de 1957.

Resulta prácticamente imposible no sucumbir al alto grado de emotividad que contiene esta escena, en la que no se abusa de la música extradiegética, en la que no hay enfáticos primeros planos y en la que los protagonistas no sueltan una sola lágrima hasta el mismísimo final. Aún así, toda la escena tiene un alto voltaje emocional que acaba en un *crescendo* al que pocos pueden resistirse.

La fidelidad entre el guion original y su versión rodada es casi total; todos los elementos dramáticos y narrativos que hacen de esta escena un momento inolvidable ya estaban perfectamente definidos sobre papel. Veamos de qué manera Leo McCarey y su coguionista, Delmer Daves, lograron reflejarlos.

Empecemos recordando brevemente el argumento. *Tú y yo* es una comedia dramática que explica la historia de Nickie y Terry, un hombre y una mujer que se conocen en un crucero y se atraen mutuamente, a pesar de que ambos están comprometidos. En medio del viaje, él la lleva a ver a su abuela, que vive en uno de los puertos en los que atracan. Gracias a la intervención de la anciana, se dan cuenta de que ha surgido un amor profundo entre ellos. El día que llegan a Nueva York, destino final del crucero, deciden citarse en el Empire State Building transcurridos seis meses, cuando ya hayan podido arreglar sus respectivas vidas para poder estar juntos. Ella recupera su carrera como cantante y él comienza a pintar cuadros para ganarse un sustento por primera vez. Llegado el día del deseado encuentro, la mujer es atropellada a los pies del célebre edificio y no puede llegar a la cita. Terry se queda inválida y decide ocultárselo a Nickie hasta lograr pagarse el tratamiento de recuperación que le permita volver a caminar. Mientras tanto, Nickie cae en una profunda depresión. Pero la casualidad hace que, meses después, se encuentren en un teatro. Ella está sentada, así que él no se percata de que no puede andar. Al día siguiente, Nickie no puede resistir la tentación de ir a visitarla para pedirle explicaciones y es ahí donde comienza la celebrada última escena que ahora analizaremos detenidamente:

```
Nickie llega al apartamento de Terry y
la saluda con cierta distancia. Al ver
que esta no se levanta del sofá donde
está recostada, le pregunta si se en-
cuentra bien y ella contesta que solo
está descansando. A continuación, él le
anuncia que viene a disculparse, porque
```

no fue muy amable con ella al no aparecer el día de su cita. Ella, sorprendida, responde: «No apareciste...». Sin embargo, pronto se da cuenta de que él está jugando a hacer que ella se ponga en el lugar de él —el abandonado— para que verbalice todo aquello que él sintió y que ha venido a reprocharle. Ella le sigue la corriente:

Nickie: ¿No te enfadaste cuando no aparecí? Tuviste que enfadarte, al menos, al principio.
Terry: Sí, claro. Al principio, estaba furiosa. Me decía «no puede hacerme esto a mí. ¿Quién se cree que es?».
Nickie: ¿Cuánto esperaste? Quiero decir, ¿esperaste mucho?
Terry: Déjame ver. Esperé hasta...
Nickie: La medianoche.
Terry: Oh...

El diálogo continúa instalado en el interesante territorio del subtexto durante unas cuantas páginas hasta que Nickie acaba con el juego dialéctico que él mismo ha empezado y pronuncia por primera vez la razón por la que ha venido y la rabia que siente por haber sido abandonado. No puede contenerse y sigue con sus irónicos reproches hasta que ella le pide que, por favor, cambien de tema y le felicita la Navidad. Entonces él recuerda que le ha traído un regalo. Ella lo abre y descubrimos que es una toquilla blanca que la abuela de él le ha dejado en herencia, tal y como le había anunciado en la escena en la que se conocieron. En ese momento, ella comprende que la anciana a la que tenía un cariño sincero ha fallecido y, entristecida, dice: «Por eso me devolvían todas las cartas».

Esa frase, ligada al registro de la toquilla entre sus manos funciona como una melodía familiar que no solo la traslada a ella, sino a todos los lectores/espectadores al instante mágico que Terry, Nickie y su abuela compartieron, y que supuso un punto de inflexión en su historia de amor.

De esta manera, la entrada de la toquilla en la escena nos remite al momento en el que ambos descubrieron el verdadero «yo» del otro y se dieron cuenta de que estaban profundamente enamorados. Los dos protagonistas se cercioran de que se siguen queriendo mutuamente, pero aún hay un secreto entre ellos que sigue impidiendo que vuelvan a estar juntos.

Y esta confirmación resulta esencial para apartar del cuadro el rencor irónico de él y poner en primer término la nostalgia que ambos sienten por la pérdida de ese momento mágico. El espectador comienza a bajar la guardia del control emocional al mismo tiempo que lo hacen los dos protagonistas.

Lo que resulta más destacable de ese cambio de rumbo es el hecho de que esconda un mecanismo puramente estructural. Si contemplamos la película en su conjunto, si leemos la partitura entera, observamos cómo el interludio de la visita a la abuela funciona como punto medio de la película. Ahora, su evocación a través de la toquilla funciona, a su vez, como punto medio de esta última escena. Este sutil paralelismo divisorio entre la unidad de la película y la de esta escena final permite a sus autores condensar y magnificar uno de los capítulos más memorables y emotivos de la historia en un breve instante, como cuando, en una composición musical, se recupera todo un movimiento minutos más tarde con un solo compás.

A partir de este punto medio, en el que tanto los personajes como el público quitan el freno de mano, la intensidad dramática de la escena solo puede ir a más:

Terry se coloca la toquilla sobre los hombros y él, emocionado, dice que tiene que irse. Se despiden, pero cuando él está a punto de salir por la puerta y el lector/espectador está a punto de gritar el secreto de ella para hacer que no se vaya, Nickie se detiene y le dice:

—¿Sabes que te pinté así, con la toquilla? Me hubiese gustado que lo vieras. Courbet dijo que era mi mejor cuadro... Nunca pensé que me podría deshacer de él. No podía aceptar dinero... pero una chica entró en la galería de Courbet y... me contó lo que vio en el cuadro y le dije que se lo diera. Porque no tenía dinero y, además, estaba...

De repente, Nickie se detiene y parece ligar cabos en su cabeza. Sigue hablando mientras empieza a buscar el cuadro —presentado al espectador/lector en una escena anterior— hasta que finalmente, da con él al abrir la puerta del dormitorio de Terry y en un espejo vemos reflejada la imagen de un óleo en el que Terry aparece con la toquilla puesta junto a la abuela de él. Y en ese preciso instante, con esa imagen reflejada en el espejo, Nickie descubre el secreto de Terry y comprende por fin el por qué ella no se presentó a la cita.

La verdad, aunque dolorosa, resulta liberadora para el protagonista, que corre a abrazar a su amada, pero también lo es para el público, que en ese momento entra en un estadio de emoción superior. La visión de Nickie descubriendo el cuadro en el espejo, descrita literalmente así en el guion original, es el colofón de la estructura musical utilizada a lo largo de la escena. Si, anteriormente, la visión de la toquilla nos trasladaba al pasado, ahora, la visión de Nickie descubriendo la pintura logra romper el espacio temporal y aunar presente y pasado en una sola imagen. En este caso, ya no hace falta reproducir un compás entero; una sola nota es suficiente para activar el canal de la nostalgia y reventar el termómetro emocional del espectador. Este asiste, conmovido, al último y breve diálogo entre los protagonistas, que culmina con Terry diciendo: «Sí tu puedes pintar, yo puedo caminar. Todo es posible, ¿verdad?». «Sí, amor, todo es posible», responde Nickie antes de abrazarla.

Dijo Oscar Wilde que «la música es el arte más cercano a las lágrimas y a la memoria». En este apartado hemos visto cómo es posible aplicar esa valiosa característica a la escritura de un guion de cine. La clave de esta técnica consiste en sembrar bien las bases de lo narrativo, apoyándose en elementos argumentales potentes, pero sin olvidarnos de introducir detalles visuales que podamos utilizar más tarde como evocadoras melodías que nos hagan viajar en el tiempo emocional de la historia.

También hemos de tener en cuenta que siempre conviene ir de más a menos. Al principio, necesitaremos volcar toda la información necesaria, si hace falta, en una larga secuencia como es el interludio con la abuela en el caso de *Tú y yo*. Después, en el clímax, una sola acción —la entrega de la toquilla— será suficiente para evocar la anterior y, finalmente, una sola imagen —el descubrimiento del cuadro en el espejo—, logrará condensar en un instante todo lo sembrado. Se trata de destilar al máximo hasta conseguir una sola gota de la pócima mágica que buscamos.

Podemos afirmar sin tapujos que el cine es tan fulminante como la música. Ambas artes tienen la capacidad de entrar a bocajarro en nuestras vidas y lograr conmovernos, tocando teclas que pueden ponernos el vello de punta, sin tocarnos.

A pesar de que la capacidad emotiva de una película siempre será superior a la de un guion, cuando se logra atisbar sobre papel la intensidad que puede llegar a tener una escena, el efecto que provoca en el lector es muy potente. De alguna manera, lo convertimos en el primer marinero que divisa tierra firme después de meses de mar abierto. Poner los pies en la arena seguro que resulta, objetivamente, más placentero, pero ser testigo de que esa sensación está a punto de llegar puede provocar también una gran satisfacción en el lector y, por ello, nunca tenemos que renunciar a generarla.

Capítulo X
Cómo sorprender siendo previsible
Rimas y estribillos

Lo mismo, pero diferente

Hay veces que el recurso musical explicado en el apartado anterior se intensifica, cuando no solo se evoca puntualmente un momento anterior de la historia, sino que se recurre a la repetición de una misma acción en numerosas ocasiones.

Es difícil imaginar una canción popular sin estribillo. De hecho, suele ser ese momento álgido en el que el compositor logra tocar a su público, entre otras cosas, porque nos permite disfrutar de algo que es previsible, pero que, muy probablemente también, esconderá alguna pequeña variable, como un cambio de palabra o una nota ligeramente más alta o una percusión más marcada, que quizás no notaremos de manera consciente, pero que llegará a conmovernos.

Las siete diferencias

Perdición de Billy Wilder nos ofrece un extraordinario ejemplo del poder que puede llegar a tener la presencia de un estribillo en un guion. Este clásico del cine negro, basado en una célebre novela de James M. Cain, explica la historia de un vendedor de seguros que intenta estafar a su propia compañía al asesinar al marido de su amante y simular que ha sido un accidente. El relato comienza con el protagonista llegando, herido, a su oficina, donde se pone a grabar una declaración de culpabilidad destinada a su colega, encargado de investigar los supuestos casos de fraude.

A partir de entonces, diversos *flashbacks* nos muestran, además de la turbulenta historia de pasión entre el agente de seguros y su amante, el proceso investigador que lleva a cabo su compañero para intentar demostrar el fraude, sin saber que su amigo es el responsable del mismo.

Los dos personajes protagonizan siete escenas juntos, y en las siete se repite una misma acción: uno de ellos le da fuego al otro. En las seis primeras, es el protagonista quien enciende una cerilla para su compañero, que, aunque es fumador empedernido de grandes puros, nunca lleva fuego encima. En la última, las tornas cambiarán. Veamos cómo sucede:

> 1. La primera vez la acción tiene lugar dentro del marco de una escena que sucede en el minuto 15 y que nos muestra la confianza y camaradería que hay entre ambos. El personaje del investigador, interpretado por Edward G. Robinson, es un tanto cascarrabias y acaba echándolo

de su oficina, mientras busca inútil-
mente una cerilla en sus bolsillos. El
protagonista enciende una y se la acerca al puro diciéndole: «Yo también te
quiero».

2. En el minuto 44, el joven agente de
seguros ya ha sucumbido a los encantos
de la mujer fatal de la historia y está
cerrando los detalles del asesinato de
su marido. El investigador entra en su
oficina para ofrecerle un ascenso. En
ese momento, la amante llama por telé-
fono y él tiene que fingir delante de su
amigo. Cuelga y rechaza el nuevo puesto
que le ha ofrecido. El veterano agente,
contrariado, busca una cerilla en sus
bolsillos y el protagonista le da fuego, mientras el viejo sentencia antes
de irse: «Estaba equivocado, no eres
más listo que el resto, solo un poco
más alto».

3. Cuando entramos en el minuto 65 del
guion, se produce un breve respiro para
el protagonista. Su colega ha llegado
a la conclusión de que no hubo fraude.
Vuelve a avanzarse a sus necesidades y
le ofrece una cerilla para encender su
puro. La voz «en off» del protagonista
añade: «Podría haberte abrazado».

4. Sin embargo, en el minuto 69 vuelve
la tensión. El investigador maduro se
presenta en casa de su colega para in-

formarle de que una pieza no encaja y la idea del fraude vuelve a estar sobre la mesa. Es una escena de máximo suspense, pues la amante ha ido a verlo a su apartamento y está oculta tras la puerta, mientras ellos hablan. Cuando llega el momento de acortar distancias para darle fuego, la acción, que ya tiene un punto cotidiano dentro del relato, adquiere un grado de alta peligrosidad.

5. En el minuto 80, el investigador le informa de que ya está seguro de que fue un asesinato y solo necesita encontrar al cómplice de la mujer del fallecido. De nuevo, el protagonista le ofrece la cerilla, pero esta vez se muestra algo molesto por tener que hacerlo siempre.

6. La incomodidad relacionada con la acción central de este estribillo se acrecienta aún más cuando en el minuto 87 el investigador le dice que ya saben quién es el «fulano» que están buscando y, entonces, el joven agente, acorralado, enciende la cerilla con un irónico «¿Sabes que te las dan al comprar tabaco? Solo tienes que pedirlas».

7. Por último, en la escena que cierra la película en el minuto 102, el protagonista yace gravemente herido junto a su amigo. Incapaz de levantarse, se saca un cigarrillo del bolsillo e intenta encenderlo, pero no puede prender

la cerilla. Entonces, el experimentado
investigador lo hace por él. El protagonista le dice: «No lo viste, porque
estabas demasiado cerca» y el amigo le
dice con tristeza: «Mucho más de lo que
tú crees». El joven le sonríe y cierra
la historia con un «Yo también te quiero».

Como hemos podido ver, las siete escenas tienen
la base común de la cerilla, pero después, en cada una
de ellas se utiliza este elemento en un contexto distinto para marcar una progresión. El espectador re-
conoce el estribillo las diversas veces que suena, pero
también es capaz de atrapar los matices diferenciales
que hacen que no estemos siempre en el mismo sitio,
aunque las escenas se parezcan mucho en su planteamiento y desarrollo.

Por otro lado, la acción de encender la cerilla se
combina con distintas frases de diálogo, perfectamente escogidas para cada una de las fases dramáticas
que representan estos siete encuentros. Observamos
como la tensión se va acrecentando, porque va sur-
giendo la desconfianza entre ambos, pero la frase final que cierra la película nos hace volver al mismo
punto de partida con la recuperación de ese «Yo también te quiero».

Esta simple frase tiene un importante efecto emocional en el público, porque nos traslada al momento
inicial en el que el protagonista aún conservaba su

moral intacta y, a pesar de que hemos sido testigos directos de sus crímenes, llegamos, de alguna manera, a indultarlo. El gran momento climático de la historia sucede cuando, minutos antes, los dos amantes se acribillan a balazos traicionándose mutuamente, pero el cierre del arco de transformación del protagonista se produce en este instante de intimidad compartida entre dos hombres.

Y es que, a pesar de que *Perdición* sea una trágica historia de pasión y ambición, es, ante todo, el retrato profundo del deterioro moral de un ser humano. El público quiere saber qué pasa con la trama criminal, pero dado que la película comienza con la confesión del protagonista, sabemos que acabarán pillándolo. Por lo tanto, lo que mantiene de verdad en vilo a los espectadores es saber si acabará salvándose moralmente o no. Y su única posible salvación viene de la mano de su colega, que representa el deber, la verdad y la justicia. Por esta razón, sus siete escenas juntos constituyen el armazón principal de la que podríamos denominar «estructura musical» del relato. Una estructura que no va, necesariamente, al mismo ritmo que los puntos de giro de la trama, pero que es igual de importante para apuntalar bien la historia.

En este caso, el estribillo nos ayuda a visualizar mejor el arco de transformación interno del protagonista, que está estrechamente relacionado con la intención de los autores de reflexionar sobre un mundo en decadencia moral. La voz «en off» utilizada nos da muchas pistas sobre los dilemas internos del personaje, pero su retrato se acaba de completar en los siete momentos compuestos sobre la base de esa cerilla insistente que, de alguna manera, nos recuerda que «quien juega con fuego, acaba quemándose».

Alguien podría pensar que hacer uso de un recurso tan basado en la repetición puede hacer que el relato pierda frescura o capacidad de sorpresa y, ciertamente, colocaremos al espectador en una posición de alerta, que dificultará notablemente la posibilidad de sorprenderlo. A pesar de ello, como bien explicaba Hitchcock a partir de su discurso teórico sobre el cine, pero, sobre todo, a través de sus películas, el suspense fruto del saber puede ser mucho más interesante que el efecto sorpresa, que siempre es más efímero. Cuando hacemos uso de una rima y, más concretamente, de un estribillo, el espectador tiene la certeza de que volverá a sonar, pero también de que nunca lo hará exactamente de la misma manera o, al menos, ese ha de ser nuestro objetivo. Las pequeñas variables entre una escena y otra serán suficientes para ir manteniendo su interés hasta que, en la última repetición, logremos que la variable sea superior a las anteriores y consigamos darle la vuelta completamente.

Nuestro gran logro, pues, debería ser el de sorprender al espectador cuando no espera ser sorprendido, porque ya se ha acostumbrado a la repetición.

Capítulo XI
Cómo hacer que los extremos se toquen
Principios y finales

El comienzo del fin

Una historia no es una historia hasta que cuenta con un final. Muchas veces comenzamos a escribir sin saber cómo acabará nuestro relato, pero en un momento u otro descubriremos cómo queremos cerrarlo. Al hacerlo, probablemente, tengamos que volver la vista atrás y replantear muchas de las decisiones que habíamos tomado antes de llegar a saber qué es lo que queríamos decir realmente con nuestra historia. Como veíamos con el ejemplo de *Melinda y Melinda,* una misma premisa puede dar lugar a relatos muy diferentes; una comedia, un drama, incluso una tragedia, pueden surgir de la misma semilla argumental. Podemos reflejar visiones muy distintas del mundo a través de un desarrollo u otro, pero donde acabaremos de definirnos, sobre todo moralmente, será en el final que escojamos para nuestra historia.

En un guion, el final tiene que concretarse en una escena determinada y esta debe estar muy pensada. Conviene definir no solo lo último que sucederá en pantalla o el postrer diálogo que se pronunciará, sino también cuál será la imagen final que veremos antes de que aparezcan los títulos de crédito, pues, sin duda, será una de las destinadas a perdurar en la retina del espectador.

Y esa última escena/imagen conviene que esté estrechamente relacionada con la primera escena/imagen que abre nuestro guion, porque el inicio de algo siempre determina su final. Son las dos caras de una misma moneda. De hecho, si mostramos a un espectador el arranque de una película, necesitará saber cómo acaba, pero, si lo que le enseñamos es el final, también necesitará saber cómo empezó todo. Son dos piezas totalmente dependientes e indivisibles desde un punto de vista argumental y, dado que estamos escribiendo un guion de cine, conviene también hermanarlas visualmente.

Creer para ver

Los comulgantes de Ingmar Bergman comienza y acaba con una misa. La primera dura casi quince minutos y la segunda, escasos segundos. La escena que abre la película nos muestra como:

```
Un sacerdote recita un sermón, mien-
tras da la espalda a la escasa congre-
gación y clava su mirada en el suelo.
Sus ojos permanecen casi ocultos tras
```

unas gruesas gafas de pasta. Entre los feligreses, solo en una mujer mayor podemos percibir una cierta devoción. Los demás no muestran demasiado interés en un acto litúrgico completamente mecanizado. Una niña adormilada, un viejo que recoge, impaciente, sus gafas antes de que haya acabado la ceremonia, el organista que mira el reloj ansioso por marcharse, una mujer que fija sus ojos en el sacerdote, un matrimonio que canta los salmos sin interés y un montón de bancos vacíos constituyen el auditorio de un protagonista que parece sumamente cansado de hacer lo que está haciendo.

Inmediatamente después de esta escena de apertura, descubrimos que Tomas, el pastor, sufre una profunda crisis de fe. El «Silencio de Dios» lo acecha y la duda se ha instalado en él. Tras una descarnada lucha interna, acentuada por el suicidio de un feligrés al que no ha sabido dar consuelo, acaba perdiendo completamente su fe y deja de creer en Dios. No obstante, su sentido del deber adquirido al hacerse sacerdote, lo empuja a seguir cumpliendo con su obligación de dar misa, y es así como en la escena de clausura:

Sube al altar y pronuncia la última frase del filme: «Santo, santo es el señor, todopoderoso. Llena esta tierra de tu gloria».
A diferencia de la primera misa, el pastor se coloca de cara al público, a

    pesar de que esta vez solo tiene dos fe-
    ligreses, levanta la vista al frente y
    no lleva las gruesas gafas que al prin-
    cipio llevaba.

Con este sutil detalle visual, Bergman subraya la idea de que aunque su falta de fe se ha manifestado abiertamente, ya no necesita ocultarla. Ahora puede volver a mirar sin el filtro de la duda, que es el único que puede desenfocar la realidad. Bergman nos ha dejado claro que no existen verdades absolutas en las que creer. Por lo tanto, solo podemos encontrar la verdad en nuestra propia manera de mirar.

La relación entre las dos escenas descritas es muy estrecha. Una no puede entenderse sin la otra y juntas constituyen el pilar principal del relato. Lo que las hace tan dependientes son sus similitudes, pero, sobre todo, las pequeñas diferencias que hay entre ellas, como la citada ausencia de las gafas del final.

Una vez más, podemos observar que son los detalles del mundo físico los que nos permiten visualizar el gran abismo moral que hay entre los dos momentos dramáticos. Esto no quiere decir que Bergman no haga hablar mucho a sus personajes. Las dudas del pastor se verbalizan en diversas escenas dialogadas en las que se van viendo distintas posturas ante el conflicto de la fe religiosa. Sin embargo, el punto final se consigue con una última frase que, además, contradice lo que el protagonista piensa, ya que proclama el poder de Dios, cuando él ya se ha convencido de su no existencia. No obstante, tanto la acción que realiza, como toda la información visual que trasmite la escena, no deja ninguna duda sobre cuál es el final de su viaje interior. Y esto es así porque tenemos el recuerdo de aquella primera escena con la que comparar esta última.

Curiosamente, medio siglo después, otra película de corte radicalmente diferente a *Los comulgantes,* abordó este mismo tema, aunque con una postura sensiblemente distinta. *Señales* de M. Night Shyamalan explica la historia de un hombre que ha dejado de ser sacerdote tras la muerte de su mujer en un accidente. Cuando una invasión alienígena pone en peligro su vida y la de su familia, empieza a replantearse la necesidad de su fe religiosa. Su hijo sufre el ataque de un extraterrestre y, cuando parece haber perdido la vida, se produce el «milagro» de su resurrección. En este caso, el sacerdote hace el camino de la duda a la inversa que el protagonista de *Los comulgantes,* ya que acaba recuperando la fe al final de la historia.

Este viaje interior, al igual que en la película de Bergman, queda claramente dibujado en la relación visual que se establece entre la primera y la última secuencia del filme. La primera imagen descrita en el guion del propio Shyamalan es la siguiente:

```
Vemos el jardín de una casa. Aún no ha
amanecido y la mesa de picnic y los
```

columpios que lo ocupan provocan som-
bras un tanto tenebrosas. Retrocedemos
a través del vidrio de una ventana que
da al dormitorio del protagonista, donde, de golpe, este se despierta, víctima de una pesadilla.

Se acerca a la puerta de la habitación de sus hijos, de donde cuelgan unos
dibujos infantiles y parece tranquili-
zarse.

Se agacha y recoge unos juguetes del
suelo del recibidor que separa los dor-
mitorios, en cuya pared descubrimos la
marca imborrable que han dejado los
contornos de un crucifijo que ha sido
retirado.

La secuencia que cierra la película se construye de la siguiente manera:

El protagonista y toda su familia ocupan el mismo jardín de la escena inicial, justo después de que su hijo haya
«resucitado». Esta vez, el sol brilla
con fuerza y la estampa transmite paz y
tranquilidad, después de todo el horror
que han vivido.

Retrocedemos a través del vidrio de
la misma ventana del inicio, pero esta
vez, el cristal está prácticamente roto,
debido al ataque previo de los aliení-
genas.

Entramos en la habitación del personaje principal y el paso suave por
una pared permite al director hacer una

transición temporal sin hacer ningún
corte y vemos cómo está nevando a través
del resto de ventanas del dormitorio.
    El protagonista sale vestido del baño
con un alzacuellos muy visible y acaba
de atarse su camisa con una expresión
serena y satisfecha en su rostro.

Podemos observar la estrecha conexión existente
también entre estas dos escenas, que, como en el caso
de *Los comulgantes,* buscan visualizar el principio y el
final de un viaje espiritual.

En la primera escena, Shyamalan se preocupa de
mostrarnos la pérdida de fe del protagonista a través
del crucifijo ausente y, al final, el alzacuellos que luce
sirve para visualizar no solo la recuperación de su fe,
sino su vuelta al ejercicio del sacerdocio.

Asimismo, el diálogo que se establece entre las dos
imágenes del jardín también resulta clarificador. Al
principio, este espacio representa a una familia que
está viviendo un momento oscuro por la reciente
muerte de la madre. Al final, el mismo patio ajardi-
nado está lleno de luz y de esperanza para una familia
que ha logrado recomponerse, a pesar de la pérdida.

Por último, llama la atención la utilización del
cristal de la ventana en ambas secuencias. Al igual
que ocurría en *Los comulgantes* con la ausencia de las
gafas del sacerdote en la última misa, el vidrio roto
del final de *Señales* representa la desaparición de ese
filtro que determina nuestra manera de ver y de creer.

Al principio, el protagonista contempla su vida a través del dolor que le provoca el reciente fallecimiento de su mujer. Su mirada dolorida no solo oscurece la realidad, sino que le impide ver más allá de lo que tiene delante. No puede creer y servir a un Dios capaz de causar tanto dolor, pero cuando los extraterrestres invasores entran abruptamente en su hogar, rompen ese cristal oscuro. La lucha contra una fuerza externa tan superior sitúa al ser humano en una situación totalmente desvalida y a un paso de su aniquilación total. Cuando parece que todo está perdido, la familia del protagonista, representante de la especie humana en la película, se salva «milagrosamente» y la luz —la fe— vuelve a entrar a través de la ventana rota.

Resulta curioso que dos películas de autores tan diferentes y distanciados en el tiempo acaben compartiendo un recurso visual tan parecido para enfatizar la estrecha relación que existe entre nuestra capacidad de ver la realidad de una manera u otra en función de nuestras creencias. Lo que no debería sorprendernos es que ambos directores guionistas hagan que sus respectivos principios y finales se miren al espejo para visualizar algo tan intangible como la evolución espiritual de sus protagonistas, ya que, como hemos podido ver, la efectividad del recurso es indudable.

Como es obvio, no todos los guiones necesitan una simetría tan clara entre sus escenas de apertura y de clausura, pero este recurso poético puede ayudarnos enormemente cuándo nuestras historias se sustentan en la idea de la transformación profunda de los personajes. Reflejar en cine el conflicto interior de un ser humano no resulta fácil, sin caer en la verbalización excesiva del mismo. Por eso, todos aquellos instrumentos que nos permitan visualizarlo, sin explicarlo, son hallazgos que no debemos desdeñar.

E, independientemente de la naturaleza de la historia o de su conflicto central, siempre merece la pena hacerse las siguientes preguntas: «¿Tengo el mejor principio y final posibles? ¿Hago que se comuniquen de alguna manera entre ellos?». La búsqueda de una respuesta positiva puede ayudarnos a acabar de redondear un relato, porque, como hemos observado, las primeras impresiones y las últimas son las que tienen mayor poder de permanencia en el recuerdo del espectador. Si ambos momentos resultan memorables, las probabilidades de que la película o el guion en su conjunto también perduren se antojan mucho mayores.

Capítulo XII
Cómo inventar un universo nuevo
Búsqueda de un entramado simbólico propio

La invención de símbolos

La tradición artística ha convertido ciertas imágenes o acciones visuales en «universales» al otorgarles un significado simbólico consensuado. Si ambientamos una historia en una isla, inmediatamente sugerimos la idea de aislamiento. Si escribimos una escena en la que un personaje se mira en un espejo, transmitimos sin esfuerzo un conflicto interno del mismo. La imagen de un laberinto nos hace pensar en la palabra «confusión», una puerta cerrada nos sugiere la existencia de un secreto y la caída de una hoja nos recuerda el implacable paso del tiempo.

Todas estas imágenes o acciones visuales se han constituido, a lo largo de los siglos, como símbolos codificados dentro de ciertas tradiciones culturales, y pueden resultar útiles también a la hora de reforzar el tejido visual y simbólico de un guion.

Sin embargo, si todos utilizáramos siempre los mismos símbolos, acabaríamos anulando su fuerza poética, para convertirlos en simples signos de un código establecido, con el que volveríamos a sumergirnos en el pozo de la literalidad.

Por ello, considero importante que el guionista se plantee la invención de un universo simbólico específico para cada una de sus obras. Tal y como hemos visto a lo largo de los ejemplos analizados en este libro, los mejores hallazgos poéticos dependen del imaginario singular de cada historia y no de la adopción de iconos universales de fácil descodificación.

Con la casa a cuestas

Una de las películas más ricas de los últimos años en cuanto a creación de un mapa de símbolos propio es *Up* de Pete Docter. Todas las obras de Pixar son monumentos al poder expresivo de los detalles; están llenas de diferentes capas de lectura que hacen posible disfrutarlas más de una vez. Pero *Up* alcanza cotas de sublimidad tan elevadas como la casa voladora de su imagen fundadora.

Comencemos recordando —o desvelando— el argumento de la película para poder analizar su elaborado entramado simbólico:

```
Carl es un niño de 8 años que admira pro-
fundamente a Charles Muntz, un célebre
explorador. Cuando conoce a la intrépi-
da Ellie, una niña con la que comparte
```

ídolo y pasiones, se hacen amigos al instante. Ella le enseña su cuaderno de aventuras secreto, le explica su sueño de ir a las cataratas Paraíso y le hace prometer que algún día la acompañará.

Cuando se hacen adultos, se casan y construyen una feliz vida juntos, a pesar de que no pueden tener hijos y de que las necesidades cotidianas les impiden realizar el viaje de sus sueños.

Instalados ya en la vejez, Carl decide gastar sus ahorros en comprar un billete para visitar por fin las cataratas Paraíso, pero Ellie cae enferma y muere antes de que puedan cumplir su sueño. Ellie le entrega su cuaderno de aventuras, pero él es incapaz de abrirlo, porque cree que está vacío. Destrozado y solo, se aísla del mundo completamente hasta que entra en su vida Russell, un pequeño explorador, cuya misión es ayudar a un anciano para poder obtener una preciada insignia de boy scout.

Ante el acoso de una poderosa inmobiliaria que quiere echarlo de su hogar y meterlo en una residencia de ancianos, Carl decide atar miles de globos de helio a la chimenea de su casa y así logra que salga volando. Cuando ya está en el aire, se da cuenta de que Russell está en el porche de la casa y no le queda más remedio que vivir junto al niño la aventura de llegar hasta las cataratas Paraíso.

Una tormenta los lleva, milagrosamente, muy cerca de su destino. El niño ayuda al anciano a arrastrar la casa hasta el lugar donde Ellie soñaba con ponerla cuando era niña. Por el camino, se encuentran a Kevin, un pájaro gigante. Russell se encariña de él y le hace prometer a Carl que le ayudará a protegerlo de una feroz jauría de perros habladores que lo persiguen incansablemente. Los caninos acaban guiándolos hasta la guarida de Charles Muntz, el verdadero artífice de la caza del gran pájaro. Obsesionado con la demostración de su existencia, Muntz se ha convertido en un villano muy peligroso, dispuesto a todo para lograr su objetivo. Carl intenta proteger al pájaro, pero cuando tiene que escoger entre este o su casa, el anciano suelta al pájaro y corre a salvar todos sus recuerdos. Russell se siente profundamente decepcionado con Carl y el helio de los globos comienza a agotarse, haciendo que la casa deje de flotar en el aire.

Carl, abatido, entra en ella y observa el cuaderno de viaje de Ellie. Esta vez, lo abre y descubre que no está vacío. Ellie lo había llenado con numerosas fotos de toda su vida juntos. Carl se da cuenta de que Ellie nunca echó en falta no haber cumplido su sueño, porque lo había sustituido por otro mucho mejor. Carl reacciona y comienza a vaciar la casa desprendiéndose de todos sus recuerdos para poder alzarla de nuevo y seguir a Russell, que se ha escapado para ir a rescatar a Kevin.

A partir de ese momento, Carl se transforma en un auténtico héroe de acción de 78 años y acaba rescatando al niño y al pájaro, a cambio de renunciar a soltar la cuerda que lo une a su preciada casa.

Muerto Muntz, Carl y Russell vuelven a la ciudad y se convierten en grandes amigos. En las cascadas Paraíso, la casa de Carl y Ellie se posa sobre el lugar exacto que ella soñó cuando era niña.

Como podemos comprobar, el propio argumento tiene, en sí, una enorme carga metafórica. La acción catalizadora de toda la trama, la de Carl haciendo que su casa ascienda a los cielos, va unida a una imagen de gran poder expresivo. Además de bella y evocadora, en ella se condensa la paradoja que plantea la película, en la que «aventura» y «hogar» se dan la mano abiertamente al conjugar visualmente los «globos» con la «casa». Carl decide volar haciendo realidad el sueño aventurero de su mujer, pero sin renunciar a su deseo de preservar el mausoleo de recuerdos que representa el hogar común.

La lucha de fuerzas entre estos dos objetivos antagónicos constituye el eje de la principal tensión dramática del filme. Y, al igual que el protagonista, el espectador también se muestra dividido entre el deseo liberador de volar y reinventarse, y la necesidad de aferrarse a la solidez de una existencia estable y segura. Como veíamos en el resumen anterior, hay un momento en el que Carl se enfrenta al dilema de salvar al pájaro o perder su casa. El espectador duda con él y acepta perfectamente su decisión de anteponer la salvación de su hogar, porque tampoco soporta la idea de que las llamas acaben devorando la prueba física de la bella historia de amor que Carl ha vivido con su mujer.

Lo curioso es que Ellie desaparece de la historia en el minuto 10 de la película, por lo que el espectador ha tenido muy poco tiempo para impregnarse de la increíble fuerza de su unión. Sin embargo, la defiende, como él, con uñas y dientes. El secreto de semejante fidelidad se encuentra en la altísima implicación emocional que se logra durante esos primeros minutos de película, conseguida a través del uso magistral de diferentes rimas y símbolos que llevan a cabo sus guionistas.

Un globo, dos globos, tres globos...

Cuando pensamos en un globo, nos vienen diferentes ideas a la cabeza: niñez, ilusión, ligereza, libertad... El objeto en sí ya tiene su probado efecto evocador. Los guionistas de *Up* fueron conscientes de ello, y lo aprovecharon como base para establecer el núcleo de un universo simbólico propio en el que, sin dejar de evocar los significados anteriores, sugieren algunos nuevos.

Además de su importancia para la imagen fundadora de la casa voladora, los globos hacen acto de presencia desde los mismos títulos de crédito:

```
Carl niño va saltando por la calle con
un globo azul en su mano, simulando que
es el dirigible de su admirado Muntz, el
Spirit of Adventure. Cuando escucha su
célebre grito de guerra, «La aventura
está ahí fuera», procedente de una casa
abandonada, se decide a entrar y se en-
cuentra con Ellie, una niña que está ju-
gando como él. Carl se queda embelesado
con ella, pero, con los nervios, pierde
su globo, que va a parar al desconchado
techo de la casa. Ellie le anima a co-
gerlo, el niño se cae y acaba hospita-
lizado. Convaleciente, está leyendo en
su cama con un brazo escayolado, cuando
el globo azul que perdió entra por su
ventana atado a un palito, descubrién-
dose que Ellie lo ha recuperado para él.
```

Más tarde, cuando ya son ancianos, se produce una secuencia similar, pero con un significado muy distinto:

```
Ellie espera la muerte en un hospital y
es Carl quien hace volar un globo azul
atado a un palo hasta la cama de ella.
En su velatorio, Carl sostiene también
un globo azul con el que entra, deso-
```

lado, en la misma casa en la que él y
Ellie habían construido su vida, después de comprarla y reformarla con sus
propias manos.

Esta última imagen del prólogo tiene relación directa con el momento anterior en el que Carl niño entró por primera vez en la casa, justo antes de conocer a la persona que determinaría el rumbo de toda su existencia. El diálogo entre las dos imágenes nos traslada, con suma rapidez, del final al principio de esa historia de amor, de la misma manera que el globo azul atado a un palo, entrando en sus respectivas habitaciones, hace que se fusionen pasado y presente, el «hola» y el «adiós», en un solo instante.

Estas dos rimas conjugadas a partir del globo azul resultan sumamente sencillas en su ejecución. Surgen de la propia historia de manera natural, pero son infalibles a la hora de tocar la fibra más sensible del espectador, porque logran solapar dos tiempos, dos sentimientos, en uno: el del dolor de la pérdida y el de la alegría del primer encuentro. Y la conjunción de ambos estados emotivos da lugar a un tercero que acaba desbordándonos por completo: la nostalgia.

Otro aspecto destacable del uso simbólico de este objeto volátil es el hecho de que, durante todo el prólogo, a pesar de la gran presencia de los globos, estos en ningún momento llegan a volar por el cielo. Siempre permanecen atados a una mano, a un palo o a un carrito y, como mucho, tocan el techo de la casa en ruinas. Como hemos visto, los globos son una extensión de la personalidad de Carl, y en la condición eventualmente estática en que nos son presentados, se resume perfectamente la lucha entre el deseo de libertad del protagonista y el miedo a dejar de pisar tierra firme. Sueña con ser un gran aventurero, pero siempre busca la seguridad del hogar.

Por otro lado, esta contención inicial permite a los guionistas potenciar al máximo el impacto visual del momento posterior en el que la casa de Carl y Ellie se separa del suelo y asciende entre las nubes, elevada por cientos de globos de helio. Ese instante coincide con el primer punto de giro de la estructura narrativa. Con él, saltamos al segundo acto de confrontación entre los dos deseos contrapuestos del protagonista (el suelo y el cielo), que centran el desarrollo del filme hasta llegar a la resolución de la trama, en la que Carl renuncia a la casa, para hacer del dirigible del desaparecido Muntz, el *Spirit of Adventure,* su nuevo hogar.

La experiencia transformadora del profundo periplo interno y externo que el viejo ha protagonizado acaba virando su existencia hacia una aventura nueva que afronta ya sin miedo, junto a Russell, su nuevo compañero de «viaje». El globo azul inicial con el que Carl jugaba de niño se convierte finalmente en un auténtico dirigible. Su inocente deseo infantil de volar se metamorfosea en una decisión madura y consciente, fruto del aprendizaje de toda una vida.

Cosas por hacer

Si los globos sirven para dramatizar visualmente el arco de transformación de Carl, el libro de aventuras de Ellie nos permite recomponer su viaje interior, a pesar de que la mujer desaparezca físicamente de la historia en el minuto diez de película.

Es el objeto que mejor la define como personaje, al aparecer en cinco momentos muy importantes de la historia:

1. Al inicio, se lo muestra a Carl por primera vez, revelándonos el espíritu aventurero de una niña enérgica e impulsiva, que sueña con llevar la casa abandonada donde juega a las cataratas Paraíso.

2. Más tarde, ella recibe un duro golpe, cuando descubre que no puede tener hijos. Carl la ayuda a recomponerse mostrándole su libro de aventuras, y recordándole que aún le quedan por llenar las páginas que, de niña, dejó en blanco, para ocuparlas con «las cosas que voy a hacer». Así es como recuperan su sueño infantil de viajar a Venezuela, aunque no logren ahorrar nunca lo suficiente para llevarlo a cabo.

3. Cuando Ellie está a punto de morir, le entrega a Carl su libro de aventuras, un gesto que su marido interpreta como

el recordatorio de un sueño no conseguido.

4. Esto le impide, en una escena posterior, enfrentarse a las páginas vacías
que nunca pudieron rellenar.

5. Hasta que, finalmente, se produce la
escena climática en la que Carl se da
cuenta de que Ellie había rellenado las
páginas vacías de su libro con fotos de
su larga y felicísima vida en común.
Una nota escrita por ella acaba siendo
el colofón de este potentísimo momento
de anagnórisis: «Gracias por la aventura. Ahora vive una nueva. Te quiero.
Ellie».

Aunque el público descubra también en ese momento que la vida de Ellie fue completamente plena,
si repasamos la composición de aquellos elementos
visuales que habían ido sirviendo para definir su carácter, descubrimos algunas pistas que nos hacen llegar a
la conclusión de que la supuesta «revelación» no es tal.
En el fondo, tanto Carl como el público han tenido
suficientes datos para conocer anteriormente la verdad
sobre Ellie y, quizás por esta misma razón, la *anagnórisis* resulta tan emocionante: se trata de la corrobora-
ción consciente de algo que latía tras los diferentes y
dispersos signos relativos a la esposa perdida.

La imagen que sirve para visualizar su sueño infantil, la casa sobre las cataratas Paraíso, ya denota su

deseo de un «hogar» por encima de todo. El exótico lugar donde quiere situarla representa, simplemente, la inocencia y distorsión de la realidad propias de la infancia, pero la casa es el centro de su necesidad real. De hecho, en la escena en la que se conocen, ella ya ha hecho de la casa abandonada su centro de juegos, imaginando que es el dirigible de Muntz. A diferencia de Carl, que intenta «elevarse» con un globo cuando juega a ser un explorador, ella simula la aventura en un lugar con cimientos y arraigado a la tierra, como si fuera capaz de intuir que la aventura más grande de su vida será la de sobrellevar el día a día con el mejor compañero de viaje posible.

Porque lo que *Up* intenta transmitirnos es que ninguna aventura tiene sentido, si no podemos compartirla. Y, como veíamos en un apartado anterior, el entramado simbólico de un filme está estrechamente relacionado con el Tema que plantea.

Lo remarcable de las películas de Pixar en su conjunto es que, en realidad, siempre están diciéndonos lo mismo de una manera u otra. Todas ensalzan los valores de la unión y del grupo frente a la soledad y el individualismo. Sin embargo, a pesar de este elemental paraguas temático que las cubre, cada una de ellas cuenta con un universo visual y simbólico propio, de una exuberante riqueza significativa, que las hace únicas.

No hace falta decir que el público infantil percibe *Up* como una película de aventuras en la que un

viejo cascarrabias se hace amigo de un niño solita-
rio después de enfrentarse a un sinfín de dificultades
y peligros, y en la que la presencia de Ellie resulta
muy difuminada, a pesar de que, como hemos visto, todo gira en torno a ella. Obviamente, muchos
de los símbolos que hemos analizado permanecen en
una capa de lectura que solo el público adulto, al que
también va dirigido el filme, es capaz de descodificar
y, en muchas ocasiones, de manera casi inconsciente. Pero lo que hace de *Up,* además de una excelente
película, el mejor ejemplo para cerrar este libro, es
que su historia no puede entenderse sin ninguno de
los elementos visuales que la acompañan, tal y como
queda demostrado en la sinopsis antes presentada. Es
imposible explicar el argumento sin aludir a su rico
universo de imágenes y símbolos. Por tanto, constituye una de esas privilegiadas obras cinematográficas en las que la narración y la poesía avanzan de la
mano, ensambladas con total naturalidad.

Esta comunión perfecta impide que tengamos la
sensación de que *Up* está sobrecargada de símbolos, a
pesar de que haga un gran uso de ellos. Y esto es algo
esencial para garantizar el buen dominio de los recursos expresivos y poéticos propuestos en este libro.

El deseo de huir de la literalidad no debe hacer
naufragar ningún relato cinematográfico por sobre-
saturación de símbolos y de subtexto. Buscar el equilibrio nunca es tarea fácil, aunque, por regla general,
suele funcionar la máxima de «Menos es más».

Siguiendo el consejo anterior, considero que ha llegado la hora de finalizar este viaje compartido. Como sucede con el uso indiscriminado de los símbolos, un exceso de ejemplos podría acabar saturando el conjunto. Como el lector habrá podido comprobar, las diversas herramientas presentadas en este libro nos acaban llevando a un mismo destino: el del aprovechamiento máximo de las especificidades del lenguaje cinematográfico en la escritura de guiones. Comenzando por las nociones más básicas para lograr un estilo de redacción audiovisual hasta llegar al dominio del uso de ciertos recursos poéticos, la travesía ha estado marcada por la búsqueda de un tesoro muy concreto: la capacidad de hacer visible lo invisible a través de palabras funcionales que el cine convertirá en puras imágenes.

Por encima de todo, espero y deseo haber hecho partícipe al lector del «redescubrimiento» del auténtico botín que supone la aplicación de algunas de las pautas de la poesía a la escritura de guiones; un vellocino de oro al alcance de todo escritor audiovisual. A priori, quizás algunos se sientan inseguros en este territorio del guion, virgen para muchos. Pero imaginar siempre conlleva un riesgo, y los resultados que podemos lograr pueden llegar a ser tan deslumbrantes, que merece la pena aventurarse.

Por otro lado, si como hemos subrayado a lo largo de todos los ejemplos de esta segunda parte, el guionista tiene claro lo que quiere transmitir con su historia, tanto desde un punto de vista moral, como emocional, podrá saltar a la orilla de «lo invisible» con una red firme bajo sus pies.

Por todo ello, animo a aquellos guionistas interesados en seguir explorando el versátil territorio de la narración poética aplicada a la escritura de guiones, a que abran ya su propio «libro de aventuras» y comiencen a rellenar sus páginas con imágenes que nos permitan soñar despiertos.

Lista de películas analizadas

Centauros del desierto [The searchers]
Dirección: John Ford, 1956
Guion: Frank S. Nugent

Melinda y Melinda [Melinda and Melinda]
Dirección: Woody Allen, 2004
Guion: Woody Allen

Seven
Dirección: David Fincher, 1995
Guion: Andrew Kevin Walker

Deseando amar [Fa yeung nin wa / In the Mood for Love]
Dirección: Wong Kar-wai, 2000
Guion: Wong Kar-wai

Ciudadano Kane [Citizen Kane]
Dirección: Orson Welles, 1941
Guion: Herman J. Mankiewicz y Orson Welles

Los otros [The others]
Dirección: Alejandro Amenábar, 2001
Guion: Alejandro Amenábar

Hable con ella
Dirección: Pedro Almodóvar, 2002
Guion: Pedro Almodóvar

Ha nacido una estrella [A Star is Born]
Dirección: George Cukor, 1954
Guion: Moss Hart

Nubes dispersas [Midaregumo / Scattered Clouds / Two in the Shadow]
Dirección: Mikio Naruse, 1967
Guion: Nobuo Yamada

Tú y yo [An Affair to Remember]
Dirección: Leo McCarey, 1957
Guion: Delmer Daves y Leo McCarey

Perdición [Double Indemnity]
Dirección: Billy Wilder, 1944
Guion: Billy Wilder y Raymond Chandler

Los comulgantes [Nattvardsgästerna / Winter Light]
Dirección: Igmar Bergman, 1963
Guion: Ingmar Bergman

Señales [Signs]
Dirección: M. Night Shyamalan, 2002
Guion: M. Night Shyamalan

Up [Up]
Dirección: Pete Docter, 2009
Guion: Bob Peterson y Pete Docter